PREFACE HISTORIQUE,

POUR SERVIR A LA CONFERENCE de la Coûtume du Maine avec la Coûtume de Paris, & donner une idée de cet Ouvrage, dans le dessein de découvrir si le Public en souhaitera l'impression.

Par Maître MICHEL RIPPIER, *Avocat au Parlement.*

A PARIS,

Chez JACQUES JOSSE, Imprimeur-Libraire, ruë S. Jacques, à la Colombe Royale, proche S. Yves.

M. DCCIV.

AVEC APPROBATION ET PRIVILEGE DU ROY.

APPROBATION.

J'Ay lû par ordre de Monseigneur le Chancelier un Manuscrit intitulé, *Preface Historique pour servir à la Conference de la Coûtume du Maine avec la Coûtume de Paris*, composée par Maître Michel Rippier Avocat au Parlement. Cette Preface est fort belle, elle contient des notions excellentes de l'origine du Droit François, que l'Auteur a puisées dans les sources pures de nos Historiens, & de nos Docteurs les plus habiles. L'impression en sera tres-utile au Public. Fait à Paris ce quatorze Avril mil sept cens quatre.

Signé, ISSALY.

PRIVILEGE DU ROY.

LOUIS, PAR LA GRACE DE DIEU ROY DE FRANCE & de Navarre : A nos amez & feaux Conseillers les Gens nôtre Cour de Parlement, Maîtres des Requêtes ordinaires de nôtre Hôtel, Grand Conseil, Prevôt de Paris, Baillis, Sénéchaux, leurs Lieutenans Civils, & autres nos Justiciers qu'il appartiendra, SALUT. Nôtre bien amé Maître MICHEL RIPPIER, Avocat au Parlement de Paris Nous ayant fait exposer qu'il desireroit faire imprimer un Ouvrage de sa composition intitulé, *Preface Historique pour servir à la Conference de la Coûtume du Maine avec celle de Paris*, & donner au Public une idée de cet Ouvrage, s'il Nous plaisoit lui accorder nos Lettres de Permission Nous avons permis & permettons par ces presentes audit Sieur Rippier de faire imprimer ledit Livre par tel Imprimeur qu'il voudra choisir, en telle forme, marge, caracteres, & autant de fois qu'il voudra, pendant trois ans, à compter du jour de la datte des Presentes. Faisons défenses à toutes personnes d'en introduire d'impression étrangere dans aucun lieu de nôtre Royaume ; à la charge que ces Presentes seront registrées tout au long sur le Registre de la Communauté des Imprimeurs & Libraires à Paris, & ce dans trois mois de leur datte ; que l'impression de ce Livre sera faite dans nôtre Royaume, & non ailleurs, & ce en bon papier & beaux caracteres, conformément aux Reglemens de la Librairie, & qu'avant de l'exposer dans le Public il en sera mis deux Exemplaires dans nôtre Bibliotheque publique, un dans celle de nôtre Château du Louvre, & un dans celle de nôtre tres-cher & feal Chevalier Chancelier de France le Sieur Phelipeaux, Comte de Ponchartrain, Commandeur de nos Ordres ; le tout à peine de nullité des Presentes : du contenu esquelles vous mandons de faire joüir l'Exposant ou ses Ayans cause pleinement & paisiblement, sans souffrir qu'il lui soit fait aucun trouble ou empêchement. Voulons que la copie des Presentes qui sera imprimée au commencement ou à la fin dudit Livre, soit tenuë pour dûëment signifiée, & qu'aux copies collationnées par l'un de nos amez & feaux Conseillers Secretaires foy soit ajoûtée comme à l'Original. Commandons au premier nôtre Huissier ou Sergent, de faire pour l'execution des Presentes toutes Significations, Défenses, Saisies, & autres Actes requis & necessaires, sans demander autre permission, nonobstant Clameur de Haro, Charte Normande & Lettres à ce contraires ; CAR tel est nôtre plaisir. Donné à Versailles le quatriéme jour du mois de May l'an de grace mil sept cens quatre, & de nôtre Regne le soixante un. Signé, Par le Roy, en son Conseil, CARPOT. Et scellé du grand Sceau de cire jaune.

Registré sur le Livre de la Communauté des Libraires & Imprimeurs de Paris, numero 174. page 231. conformément aux Reglemens, & notamment à l'Arrest du Conseil du 13. Aoust dernier. A Paris ce 15. May 1704. Signé, P. EMERY, Syndic.

PREFACE HISTORIQUE,

POUR SERVIR A LA CONFERENCE de la Coûtume du Maine avec la Coûtume de Paris, & donner une idée de cet Ouvrage.

PUISQUE j'ay entrepris de faire la conference de la Coûtume du Maine avec la Coûtume de Paris, j'estime qu'il est à propos que je fasse une description sommaire de la Province du Maine, un petit recit des differents états esquels cette Province s'est trouvée avant que les François se fussent emparez des Gaules, & sous les trois races de nos Rois; & qu'il n'est pas indifferent que je tâche de découvrir par quelles Loix elle s'est regie dans tous ces differens états, & l'origine de nos Coûtumes; & j'ay même crû qu'il n'étoit point hors d'œuvre de faire un petit portrait des inclinations & des mœurs des Peuples de cette Province, & que j'étois obligé de declarer le motif, qui m'a poussé à entreprendre cet Ouvrage.

La Province du Maine fait une partie de la Gaule jadis appellée Celtique, elle confine au Nord à la Normandie, au

Midy à l'Anjou & à une partie de la Touraine, à l'Orient au Perche & à une partie du Vandomois, à l'Occident à la Bretagne.

La Ville Capitale du Maine est le Mans, qui étoit bâtie dans son commencement sur une colline, & a depuis été étenduë sur son penchant jusques à la Riviere de Sarthe, qui arrose ses murailles à l'Occident. Elle est située, suivant les Cartes modernes sous le vingtiéme degré cinq minutes de l'Equateur tirant vers le dix-neuviéme degré, & sous le quarante-huitiéme degré cinq minutes du Pole tirant vers le quarante-neuviéme degré.

Elle est decorée d'un Evêché, qui est le premier des neuf suffragans de l'Archevêché de Tours, d'un Chapitre considerable de Chanoines dans l'Eglise Cathedrale, fondée & bâtie sous l'invocation de la sainte Vierge, de saint Julien son premier Evêque, & des saints Martyrs Gervais & Prothais; & neanmoins on ne lui donne point d'autre nom que celui de saint Julien: d'un Chapitre Royal de Chanoines dans l'Eglise de saint Pierre de la Cour; d'une Chapelle Royale, qui a un Tresorier & des Chapelains, nommée la Chapelle du Guay & de Maulny, qui étoit autrefois une maison de plaisance des Comtes du Maine à quelque distance de la Ville du Mans sur le confluant des Rivieres de Sarthe & de Lhuîne, où Jeanne de Bourgogne femme de Philippe de Valois, qui n'étoit pas encore Roy, accoucha de Jean son fils aîné, qui fut depuis Roy de France: de deux grosses Abbayes de Benedictins, saint Vincent, & la Coulture, dont la premiere, fondée par saint Domnole Evêque du Mans, est de la Congregation de Chezal-Benoist, & est neanmoins possedée par les Religieux de la Reforme de saint Maur, qui en ont la Crosse, & élisent un Abbé de trois en trois ans. La seconde a été fondée par saint Bertram, aussi Evêque du Mans: d'une Abbaye de filles du même Ordre de saint Benoist, nommée l'Abbaye du Pré, qui étoit autrefois le Cimetiere des premiers Chrétiens, où le tombeau de saint Julien est sous le maître-Autel: d'un College pour instruire la Jeunesse dans les Humanitez, la Philosophie & la Theologie, possedé par les Prêtres de l'Oratoire, sans compter le Convent des Jacobins, qui est l'un des plus beaux de leur Ordre qu'ils possedent en France, ceux des Cordeliers & des Minimes; & trois autres Convens de Filles, dont le premier est le Prieuré des Filles-Dieu, à la nomination du Roy: & les deux autres sont ceux des Religieuses de sainte Ursule, & des Filles de sainte Marie, autrement de la Visitation Nôtre-Dame.

Il y a encore aux environs de la Ville & Faubourgs l'Abbaye de Beaulieu, à quelque distance de la Riviere de Sarthe à l'Occident, possedée par des Chanoines Reguliers de saint Augustin : la Maison de Nôtre-Dame de Coeffort, à l'autre côté de la Ville & Faubourgs au Midy, possedée par les Prêtres de la Mission, qui sont Curez de l'Hôtel-Dieu qui est attenant: le Convent des Capucins, & celui des Filles de saint Dominique, qui sont à l'Orient : & l'Hôpital general bâti depuis quelques années proche les bords de la Riviere de Sarthe à l'Occident.

Quelques Auteurs prétendent que la Ville du Mans a été bâtie par Sarthon, qui a donné son nom à la Riviere de Sarthe, & les autres par Sarron petit-fils de Samothes Roy des Gaules, & qu'ayant été détruite par les Factions des Druides & des Sarronides, elle fut reparée par Lemanus aussi Roy des Gaules, que quelques-uns disent avoir aussi bâti Genêve, & avoir donné son nom au Lac Leman, aussi-bien qu'à la Ville du Mans. Quoy qu'il en soit, on ne peut douter que le Mans ne soit fort ancien, vû ce dystique des anciens Geographes François.

Bourges, Authun, le Mans avec Limouges
Furent jadis les quatre Villes rouges.

Les autres Villes les plus considerables du Maine sont Laval, Mayenne la Juhée, Beaumont le Vicomte, le Chateauduloir, la Ferté-Bernard, Fresnay, Sainte Suzanne.

On divise le Maine en haut & bas Maine. La principale Ville du bas Maine est Mayenne la Juhée, assise sur la Riviere de Mayenne, à laquelle elle a donné son nom, ou la Ville l'a pris de la Riviere. Quant au surnom de Juhée, elle l'a pris de Juhaël premier du nom, qui vivoit vers le douziéme siecle : elle est maintenant érigée en Duché & Pairie, La Ferté-Bernard en faisoit autrefois partie, bien qu'elle en soit éloignée de plus de vingt-six lieuës, & qu'une grande partie du haut Maine & du bas Maine soit entre deux. La Ferté-Bernard joüit encore des prérogatives de la Jurisdiction de la Duché & Pairie, toutes les appellations du Siege de la Ferté ressortissans en la Cour.

Laval est aussi Comté & Pairie : mais il n'y a que les appellations qui passent le premier & le second chef de l'Edit des Presidiaux qui ressortissent nuëment au Parlement, les autres appellations ressortissans au Présidial de Chateaugontier, qui est une Ville du bas Anjou assise sur la Mayenne aussi-bien que Laval.

Les Manceaux sont appellez par les Auteurs Latins *Cenomani*; je ne diray rien de l'étimologie de ce nom, parce que toutes celles qu'on en rapporte sont fort conjecturales; ils ont été aussi autrefois appellez *Aulerci*; mais ce nom leur étoit commun avec d'autres Peuples qui se distinguoient par un surnom, *Aulerci Cenomani*, *Aulerci Eburones*, *Aulerci Diablintes*, comme nous voyons dans les Commentaires de Jules Cæsar : de sorte que l'on peut dire qu'entre les peuples des Gaules qui firent une irruption dans l'Italie sous le regne d'*Ambigatus* Roy des Gaules, qui tenoit son siege dans le Berry, le vieux Tarquin regnant à Rome, il y avoit des peuples du Maine : Tite Live au livre 5. de sa premiere Decade, qui fait mention des peuples qui passerent dans ce temps-là en Italie sous la conduite de *Bellovesus*, fils de la sœur d'*Ambigatus*, y mettant *Aulercos*. Ces peuples s'étant emparez d'une partie du Païs, qui a été depuis appellé Lombardie, y bâtirent la Ville de Milan, suivant le témoignage du même Tite Live. Mais, quoy qu'il en soit, le même Tite Live rapporte qu'une armée de Manceaux passa peu de temps aprés sous la conduite d'*Elitonius* leur General, & qu'à l'aide de *Bellovesus*, ils s'emparerent du païs où sont presentement Bresse & Verone. Il est vrai qu'on lit dans Tite Live, *alia subinde manus Germanorum Elitonio duce vestigia priorum secuta, &c.* Mais comme Alciat observe *lib.* 4. *Parergōn cap.* 1. il faut lire *Cenomanorum* : ce qui ne fait aucune difficulté, parce que non seulement il n'y a point d'apparence que *Bellovesus* eût voulu aider aux Germains à conquerir un païs, d'une partie duquel il s'étoit déja emparé; Mais même Raphaël Volaterran au livre 3. de ses Commentaires, où il ne fait que copier Tite Live, ne parle point des Germains, mais des Manceaux : & Polybe au livre 2. de son Histoire, parlant de l'irruption des Gaulois dans l'Italie, dit que les Manceaux s'établirent aux environs du Pau. Enfin le même

Tite Live au livre 2. de sa quatriéme Decade, faisant la description de la guerre que les Gaulois de la Gaule Cisalpine, suscitez par Amilcar Carthaginois, eurent contre les Romains, dit que Bresse étoit la Ville Capitale des Manceaux, & qu'ils se joignirent aux Romains; & Polybe dit que les Manceaux étoient confederez des Romains, & que dans la guerre que les Romains eurent contre les Carthaginois commandez par Annibal, les Manceaux & les Venitiens fournirent vingt mil hommes.

Toutefois cette erreur qui se trouve au cinquiéme livre de la premiere Decade de Tite Live, a fait dire au Poëte Baptiste Egnace de Mantouë dans quatre vers qu'il a faits à la loüange des Manceaux d'Italie.

Brixia magnorum genitrix animosa virorum,
Gallia seu genuit, seu te Germania mater,
Nam genus abscondit tenebris adoperta vetustas,
Cenomanorum gens quondam clara fuisti.

Pline, au 3. livre de son Histoire naturelle chap. 19. dit au sujet de l'Istrie, *In Mediterraneo Regionis decima Coloniæ Cremona, Brixia Cenomanorum agro*; & plus bas, *Author est Cato Cenomanos juxta Massiliam habitasse in Volcis* : dont l'on peut conjecturer que les Manceaux ne passerent pas tous en Italie, mais qu'une partie s'arrêta dans la Provence.

Monsieur Cujas, au 10. livre de ses Observations chap. 12. raporte en son entier un Rescrit de l'Empereur Justinien adressé *Narseti patritio in Italia in favorem familiæ Titionum*, qui lui a été communiqué *per Petrum Galesium Hispanum doctissimum & acutissimum*, par lequel cet Empereur mande à Narses, que la famille des Titions soit réintegrée & rétablie dans les heritages qu'ils avoient autrefois possedez *in Urbe, & in Cenomanis maxime Insubribus, Vercellen. Taurinis & Liguribus.*

Quant aux Manceaux qui resterent dans les Gaules, il y a de l'apparence qu'ils y vêquirent jusqu'au temps de Jules Cæsar sous une forme de Republique, & qu'ils reconnoissoient neanmoins quelque Chef qui regnoit sur toutes les Gaules, sous lequel chaque Province en avoit un qui rendoit la Justice à ses Habitans, comme nous apprenons de Jules Cæsar au 6. livre *de Bello Gallico*, & il ne faut point douter que chaque Province n'eût sa Coûtume. Mais les Manceaux furent assujettis aux Romains par ce grand Capitaine, ainsi que tous les autres Peuples des Gaules. Cet Empereur remarque dans ses Commentaires que dans la grande guerre, en laquelle tous les Gaulois s'unirent pour chasser les Romains de leur païs sous la conduite de Vercingentorix, les Manceaux fournirent cinq mil hommes pour leur contingent.

Et depuis que cet Empereur eût subjugué les Gaules, les Manceaux vêquirent, comme les autres Gaulois, sous la domination des Romains, jusqu'à ce que les François s'emparerent de la Province du Maine, & d'une grande partie des Gaules sous la conduite des Successeurs de Faramond.

Il paroît par les Annales & par les Legendes, que dans le temps que saint Julien premier Evêque du Mans y arriva pour catechiser le peuple, & l'instruire en la foy Chrétienne, la Ville du Mans étoit sous la protection de *Defensor*. M. le Cervaisier prétend que c'étoit le nom propre de cet homme, & non sa qualité, & que dans ce temps-là il n'y avoit point encore de ces Magistrats dans l'Empire Romain, qui s'appelloient *Defensores Civitatum*, dont nous avons un titre au Code Theodosien & au Code Justinien; & cet Auteur s'est peut-être appuyé sur ce que nous ne voyons point de plus anciennes Constitutions touchant ces Magistrats, que la Loy premiere au Code Justinien *de Defens. Civit.* qui est des Empereurs *Valentinien* & *Valens*.

Mais à mon sens cette consequence n'est pas bonne: parce que cette Constitution n'établit pas ces Magistrats, mais elle suppose qu'ils étoient déja établis, elle est adressée *Seneca Defensori*: & il est tellement vrai que l'institution de ces Magistrats étoit ancienne, qu'elle est appellée dans la Nov. de Leon & de Majorien, *antiqua Ordinatio*. Et comme il étoit du devoir de ces Magistrats de procurer la paix & le repos aux Peuples, & reprimer le vexations, dont ils étoient menacez, de faire châtier les voleurs, les homicides, les adulteres & autres qui troubloient le repos & la tranquillité publique *ll. 5. 6. & sequ. C. eod.* J'estime que *Defensor* étoit un de ces Magistrats, & que bien que saint Julien en dût apprehender l'autorité, parce qu'il venoit établir une nouvelle Religion au Maine, il en reçût toutefois de la protection. En un mot il falloit que ce *Defensor* fût un Magistrat Romain ou Municipal, puisqu'il commandoit dans la Ville & dans la Province, & il ne pouvoit être un autre Magistrat que du nombre de ceux qui s'appelloient *Defensores Civitatum*.

Il est vrai neanmoins que ces Magistrats étoient choisis par le peuple des Villes, & apparemment de leur corps, comme on voit par la Nov. de Leon & de Majorien : mais cela n'empêchoit pas qu'ils ne tinssent leur autorité des Empereurs, cette élection se faisant par l'autorité des Présidens & Gouverneurs des Provinces, comme il paroît par la même Novelle.

Quant à la Mission de saint Julien, quelques-uns la rangent sous le Pontificat de saint Pierre & l'Empire de Neron, d'autres sous le Pontificat de saint Clement & l'Empire de Domitien en l'année 96. de nôtre salut, comme le P. Bondonnet Religieux Benedictin, & d'autres sous le Pontificat de saint Fabien & l'Empire du Jeune Gordien, comme M. le Corvaisier; & il appuie son sentiment sur le témoignage de Gregoire de Tours & de Severe Sulpice, & particulierement sur celui de ce premier Auteur, qui dit au livre 1. chap. 28. de son Histoire, que Sixte Evêque de Rome & Laurent souffrirent le martyre sous l'Empire de *Decius*, & que dans ce temps-là sept Evêques furent ordonnez & envoyez dans les Gaules, Gatien à Tours, Trophime à Arles, Paul à Narbone, Saturnin à Toulouse, Denis à Paris, Austrenome en Auvergne, & Martial à Limoges; mais cet Auteur ne parle point de saint Julien.

M. le Corvaisier se fonde encore sur le témoignage de *Lethaldus*, Moine de saint Mesmin prés Orleans, qui vivoit sur la fin du dixiéme siecle, qui a fait un traité des actions & des miracles de saint Julien, & qui toutefois ne s'accorde point avec le sentiment de M. le Corvaisier. J'ay vû l'Ouvrage du Moine Lethald dans le celebre *Bollandus* Jesuite, qui enttreprit en l'année 1635. par l'ordre de cette savante Societé de donner au Public les Vies des Saints purgées de toutes les fables, des erreurs & des contradictions, dont les Martyrologes, les Legendes & les Breviaires des Latins, les Menologes, les Menées & les Synaxaires des Grecs sont remplis. La Vie de saint Julien est placée au 2. Tome du mois de Janvier & sous le 27. du même mois, & Bolland dit qu'il l'a tirée de trois manuscrits : mais il n'est point parlé dans le corps de la vie de nôtre Saint du temps de sa mission, ce qui m'a fait conjecturer qu'il falloit qu'il en fût parlé dans son Epître dedicatoire à Avesgaud Evêque du Mans, que Bolland dit n'avoir pas, mais qu'elle est à la tête d'un autre manuscrit qui est à Utrech, & effectivement il faut que Bolland l'ait depuis recouverte : parce qu'il l'a inserée dans ses additions au 27. Janvier page 1152. où Lethald dit qu'il conjecture que saint Julien a été envoyé au Mans *sub Decio, Valeriano, Gratoque Coss. & Sixto Romanæ Sedis Antistite* : parce que plusieurs Evêques furent envoyez sous Sixte dans les Gaules, comme il l'a appris de Gregoire de Tours, des noms desquels il fera mention dans la suite ; & il dit dans le corps de la vie de nôtre Saint, que Photin fut envoyé à Lyon, Paul à Narbone, Saturnin à Toulouse, Austrenome dans l'Auvergne, Martial à Limoges, Gatien à Tours, Denys à Paris & Julien au Mans, bien que, comme il vient d'être observé, Gregoire de Tours ne parle point de Julien, ni même de Photin. Mais cette Histoire de Gregoire de Tours & de Lethald n'est point probable : parce que ce Sixte ne peut être que le second du nom, & Sixte II. ne tint point le Siege sous l'Empire de *Decius*, mais sous l'Empire de Valerien.

Aussi M. Baillet declare-t-il dans la vie de saint Julien, qui est au premier Tome de ses Vies des Saints, qu'il ne peut se déterminer sur le temps de la mission de ce Saint, & que Lethald nous est d'un foible secours pour faire cette découverte, que son Ouvrage n'est pas bien autorisé, bien que M. Baillet dise dans sa Table critique des actes & autres écrits servans à l'histoire des Saints du mois de Janvier, que cet Auteur étoit assez judicieux & des bons Ecrivains de son temps : & il dit ensuite que ce qui se trouve dans les Actes des Evêques du Mans compilez de divers Auteurs, & publiez au 3. Tome des Analectes, de Dom Mabillon est bien moins autorisé, quoiqu'il soit plus ancien. Ces Analectes ont été pris & copiez pour la plus grande partie du Pontifical de l'Eglise Cathedrale de saint Julien du Mans.

Ce Pontifical contient le catalogue & les vies des Evêques du Mans jusqu'à Geofroy de Loudun, & neanmoins les vies de Regnauld, de Hamelin, de Nicolas, de Maurice & de Geofroy de Laval n'y sont point, ces cinq Evêques sont les Successeurs de Guillaume de Passavant. Ce Pontifical ne contient point aussi les vies de neuf Evêques, qui ont été les Successeurs de saint Aldric. Mais Dom Mabillon a suppléé leurs vies de la Bibliotheque de Monsieur Colbert & des Memoires de M. du Chesne, qui commencent à saint Principe septiéme Evêque, & finissent à Guy, Evêque trente-sixiéme, qui lui ont été communiquez par M. Baluze.

Et j'ay remarqué qu'il faut que ce Pontifical ait été alteré, parce que le catalogue porte que saint Julien tint le Siege sous Domitien, Nerva & Trajan, & neanmoins le chapitre premier qui contient la vie de nôtre Saint, porte pour titre, *Incipiunt gesta Domni Juliani primi Cenomanicæ Urbis Episcopi, qui fuit tempore Decii & Nervæ ac Trajani Imperatorum, sub quibus & Joannes Apostolus & Evangelista Apocalypsim & Evangelium scripsit.* Il faut sans doute qu'aprés ce terme *Decii*, quelqu'un ait ajoûté ce qui suit, *Nerva* n'ayant point succedé à *Decius*, qui n'a tenu l'Empire que long-temps aprés lui, & même long-temps aprés Trajan: & il y a de l'appatence qu'aprés le mot *Decii* il y avoit dans l'ancien Pontifical *Virii Galli*, *Licinii*, *Valeriani*, *Galieni*, *Claudii*, *Quintilii*, *Aureliani*, au lieu desquels Empereurs on a substitué Nerva & Trajan. Ce qui me persuade que ce Pontifical n'est point l'ancien Original, mais une copie, & qu'il est échapé au Copiste, au lieu du mot *Domitiani* d'écrire le mot *Decii*, comme il étoit écrit dans l'ancien Original, par lequel terme toute la fourberie se découvre. Ma pensée est même qu'avant le mot *Decii*, il étoit fait mention dans l'ancien Original du Jeune Gordien & des deux Philippes; parce que je prouveray dans la suite qu'il faut que saint Julien ait été envoyé au Mans vers ce temps-là, suivant le sentimenr de M. le Corvaisier.

Cette contradiction saute aux yeux, & neanmoins Dom Mabillon ne la remarque pas, mais il en remarque beaucoup d'autres dans les annotations qu'il a faites sur les Actes de ce Pontifical, & il dit qu'ils sont pleins de confusion : *certè hæc omnia perturbata*; & il observe entre autres qu'il y est fait mention que Turibe successeur de saint Julien mourut le 16. devant les Calendes de May la seconde année aprés le Consulat de *Viator*, qui étoit en l'an 497. ce qui ne s'accorde point avec la Mission de saint Julien; & que Victeur quatriéme Evêque aprés Turibe est qualifié disciple de saint Martin, & qu'il mourût *Fausto Juniore & Longino bis Coss.* ce qui répond à l'an 490. & qu'il n'est pas possible que Victeur ayant été disciple de saint Martin, ait vêcu jusqu'à ce temps-là, &

qu'ayant été le quatriéme successeur de Turibe, il soit mort avant lui. Dom Mabillon dit que ces Actes doivent être divisez en deux parties, la premiere depuis saint Julien jusqu'à Aldric, depuis lequel les vies de neuf Evêques ses successeurs jusqu'à Arnauld manquent dans le Pontifical, & que la seconde partie est depuis Arnauld jusqu'à Geofroy de Loudun; qu'il paroît que la premiere partie a été composée par un même Auteur, que le même genie, le même stile & le même dessein s'y rencontrent. Or cet Auteur vivoit du temps d'Aldric même sous l'Empire de Loüis le Debonnaire, pour la conservation duquel il fait des vœux dans la vie d'Aldric: de sorte que l'on voit que cet Auteur vivoit dans un temps fort éloigné de celui de saint Julien, & qu'il n'a pas été fort sûr de ce qu'il écrivoit, l'ayant même été si peu à l'égard des successeurs de ce Saint, comme les observations de Dom Mabillon ne le prouvent que trop. C'est pourquoy nous ne devons ajoûter foy à ce Pontifical qu'avec beaucoup de circomspection.

Il faut donc avoir recours à d'autres observations pour découvrir l'époque de la Mission de saint Julien. C'est en quoy il me semble que M. le Corvaisier a heureusement reüssi par le moyen de la Cronologie: parce que non seulement selon lui, mais encore suivant le P. Bondonnet son Antagoniste, & suivant même le Pontifical, saint Julien a tenu le Siege du Mans 47. ans 3. mois 10. jours, saint Turibe son successeur 5. ans 16. jours, & saint Pavace successeur de Turibe 43. ans: & Pavace étant mort la derniere année du grand Constantin, qui arriva suivant *Haloander* en l'année 339. & suivant *Contius* en l'année 338. lequel temps revient à 95. ans 3. mois 26. jours, & en retrogradant depuis la mort de Constantin jusqu'à la six ou septiéme année du Pontificat de saint Fabien, qui tint le Siége de Rome depuis l'année 237. jusqu'en l'année 252. sous l'Empire de Maximin, des trois Gordiens, des deux Philippes & de *Decius*, sous lequel ce saint Pape souffrit le martyre, on trouvera 95. ans 3. mois 26. jours: de sorte qu'il faut necessairement que saint Julien ait été envoyé au Mans sous l'Empire du Jeune Gordien qui regna six ans, les deux Philippes sept ans, & *Decius* environ deux ans. C'est pourquoy ceux qui reprochent à la memoire de M. le Corvaisier d'avoir été un mauvais critique & peu exact, ne lui font pas justice en ce point.

Et comme sous la plus grande partie du Pontificat de Fabien, c'est-à-dire, sous l'Empire des trois Gordiens & des deux Philippes, l'Eglise joüit d'une profonde paix; en sorte même que, suivant Eusebe, Philippe le pere se fit Chrétien, cela donna occasion au Pape Fabien d'étendre la Religion Chrétienne, & d'envoyer des Evêques en plusieurs Provinces de l'Empire, entre lesquels il ne faut point douter que saint Julien n'ait été. Et je ne suis pas même surpris de ce qu'il trouva un libre accés au Mans, & les Manceaux si disposez à embrasser la Religion Chrétienne, à cause la paix dont l'Eglise joüissoit.

Et c'est une grosse bevûë de faire remonter la Mission de saint Julien jusqu'à saint Pierre, & même jusqu'à saint Clement en l'année 96. de nôtre salut, comme fait le P. Bondonnet, parce que saint Julien ayant seulement tenu le Siege du Mans 47. ans 3. mois 16. jours (lequel temps le P. Bolland trouve même bien long) il faudroit qu'il fût mort en l'année 143. & que par ce moyen le Siege eût vaqué depuis ce temps-là jusqu'en 290. ce qui est impossible, parce que saint Turibe, qui étoit venu au Mans avec saint Julien, & qui l'avoit aidé dans ses travaux, lui succeda, & fut élû Evêque en l'année 290.

Il est vrai que le P. Bondonnet pour se tirer de cet embarras, prétend que ce fut aprés le decés de saint Pavace successeur de Turibe, que cette vacance arriva. Mais il n'y a aucune apparence dans ce sentiment, parce que le Pontifical, avec lequel le P. Bondonnet s'accorde touchant la Mission de saint Julien, ne parle point de cette vacance, & qu'il dit que saint Liboire successeur de Pavace fut élû par le Peuple aprés son decés&, sacré Evêque.

Mais presque tous les Ecclesiastiques du Royaume, aussibien que des autres Etats, se sont fait un point d'honneur dans les siecles passez, de faire remonter la fondation de leurs Eglises jusqu'au temps des Apôtres, & jusqu'à la source de la Religion, pour la rendre plus venerable par une antiquité fabuleuse, sans considerer que les contradictions, dans lesquelles ils tomboient, feroient dans la suite des temps découvrir leurs erreurs. Monsieur Bosquet Evêque de Montpellier, dans sa Preface sur son Histoire de l'Eglise Gallicane, attribuë cet abus au zele indiscret des anciens Moines; à quoy l'on peut ajoûter (ſans bleſſer la veneration que l'on doit avoir pour pluſieurs Ordres Religieux de ce temps ici) que les Moines des ſiecles paſſez étans les maîtres de preſque tous les Manuſcrits, & leur occupation ordinaire étant de les tranſcrire , ils en ont fait quelques copies peu fidelles, en y faiſant même des additions pour les accommoder à leurs interêts, & à ceux des autres Eccleſiaſtiques, pour leſquels ils travailloient : & ces copies ont été ſubſtituées au lieu des veritables Originaux qui ont été ſupprimez. Et neanmoins on ne peut pas dire que le Moine Lethald ait été de ce caractere.

Mais la Providence a ſuſcité dans ces derniers temps un grand nombre de Religieux plus éclairez & plus ſinceres, auſſi bien que pluſieurs autres Eccleſiaſtiques ſeculiers, qui ont découvert & corrigé ces abus ; je n'en feray point le dénombrement, parce que cela n'eſt pas de mon ſujet ; on peut voir leurs noms & leurs qualitez dans M. Baillet , premiere partie de ſon Diſcours hiſtorique ſur les Vies des Saints, & au commencement de la ſeconde partie.

Enfin tous les Savans de ce temps ſont revenus de toutes les erreurs, qui ont eu cours dans les ſiecles paſſez, ſur l'origine de la fondation de nos Egliſes, & ils ſont tous perſuadez que la plus grande partie des Gaules n'a été éclairée des lumieres de la Foy que vers le milieu du troiſiéme ſiecle, j'en ay vû pluſieurs de ce ſentiment.

Et comme on ne peut pas imputer à Monſieur l'Evêque du Mans (pour lequel j'ai toute la veneration que je dois avoir pour mon ancien Evêque) ni à ſon Chapitre (que j'honore , parce qu'il eſt rempli de pluſieurs perſonnes d'un ſingulier merite) de ce que ceux qui ont écrit les actes des anciens Evêques du Mans, nous ont voulu abuſer ; j'eſpere qu'ils ne ſeront point ſcandaliſez de cette Diſſertation, que j'ay crû n'être pas indifferente, pour prévenir la critique de quelques mécontens, au cas qu'il s'en trouve, leſquels ne pouvans ſe défaire des préjugez de leur Pontifical, pourroient ſur un fondement ſi peu ſolide décrier tout ce petit Ouvrage, & me faire perdre le fruit que j'en eſpere.

Il eſt temps de reprendre le fil de nôtre Hiſtoire. Lorſque les François ſe furent emparez des Gaules, les Rois de France établirent des Gouverneurs au Maine comme aux autres Provinces, qui furent appellez Comtes, & ils ſe conformerent en cela à la Police des Empereurs Romains, y ayant un titre au Code Theodosien, *De Comitibus qui Provincias regunt.* Ces Comtes n'étoient que pour un temps, ou tout au plus pour leur vie, sous la premiere & la seconde Race de nos Rois. Et quelquefois même nos Rois créoient des Ducs qui avoient une autorité sur plusieurs Comtes, & neanmoins il y avoit des Comtes qui n'avoient aucun Duc au dessus d'eux, sur quoy on peut voir le Docte Monsieur Bignon sur les huitiéme & trente-cinquéme Formules du Livre 1. de Marculse.

Dom Mabillon au même troisiéme Tome de ses Analectes, p. 220. 221. & 222. rapporte une Charte qu'il a tiré du même Pontifical de l'Eglise du Mans, qui seroit fort digne de remarque & tres-singuliere, si elle étoit veritable; elle porte que le Roy Clotaire III. & la Reine Batheilde femme de Chilperic II. ayant accordé à Berar Evêque du Mans & aux Manceaux le privilege de ne recevoir aucun Duc ni Comte, qu'il n'eût été élû par eux, le Roy Childebert II. confirma ce Privilege à la priere & requête de Harlemond premier du nom Evêque qninziéme. Mais M. le Corvaisier estime que cette Charte est apocriphe : parce que dans ce temps-là Charles Martel Maire du Palais avoit le Gouvernement du Maine, & de toutes les Provinces qui sont entre Seine & Loire, qu'il avoit surnommé toutes ces Provinces Carolie, & qu'il avoit toutefois donné le Gouvernement de l'Anjou à Rainfroy son Concurrent dans la dignité de Maire du Palais, aprés l'avoir vaincu.

Il est vrai que Charles Martel ne fut point Maire du Palais sous Childebert II. ce fut Pepin son pere qui le fut sous Childebert II. & sous Dagobert II. son fils : Et Charles Martel ne fut Maire du Palais que sous les Rois Chilperic III. Thierry & Chilperic IV. sous lequel Chilperic III. il vainquit veritablement Rainfroy, & luy donna le Gouvernement de l'Anjou. Mais cela n'empêche pas que je n'estime cette Charte apocriphe, 1°. Parce que sous ces derniers Rois de la Race Merovingienne toute l'Autorité Royale residoit dans les personnes des Maires du Palais, & qu'ils disposoient non seulement des Gouvernemens, mais encore de toutes les choses qui concernoient l'Etat, comme de recevoir les Ambassadeurs, & d'en envoyer aux Princes étrangers, de declarer la guerre & de faire la paix. 2°. Charles Martel n'eut aucun égard à cette prétenduë Charte, puisqu'il s'attribua l'administration des Provinces d'entre Seine & Loire, entre lesquelles est le Maine. 3°. Il n'est pas croyable que la Reine Batheilde eût donné un semblable privilege à l'Evêque Berar & aux Manceaux : parce qu'elle n'eut point l'administration du Royaume, & qu'elle fut tuée, toute enceinte qu'elle étoit, par Bodille, en même temps que Chilperic II. son mary. 4°. Parce que cette Charte porte que le Roy Childebert II. confirma le privilege accordé à Berat & aux Manceaux, sur la relation & affirmation de l'Evêque Harlemond, sans avoir vû la premiere Charte ; ce qui n'est point probable, la sûreté de l'Etat étant trop interessée dans un privilege de cette qualité.

Comme les Gouverneurs n'étoient pas Princes, le Domaine des Provinces ne leur ayant point appartenu sous les deux premieres Races de nos Rois, je ne parleray point des Gouverneurs du Maine dans tous ces temps-là, & je remarqueray seulement que dans le partage qui se fit du Royaume entre les Rois de la premiere Race, le Maine, comme toutes les Provinces qui sont entre Seine & Loire, fut du partage des Rois de Paris.

Bien qu'il ait été ci-dessus observé que les Comtes que les Rois de la premiere & seconde Race envoyoient au Maine, aussi bien que dans les autres Provinces, ou quoy que ce soit, les Maires du Palais sur le declin de la ~~premiere~~ Race, n'étoient point perpetuels, toutefois la Cronique de Normandie fait mention, que Charles le Simple ayant donné sa fille Gillette en mariage à Raoul ou Rollo avec la Normandie auparavant appellée Neustrie, & l'hommage de la Bretagne (dont M. d'Argentré ne disconvient pas) il donna depuis à Raoul pour supplément les Comtez de Bayeux ou d'Hyenes & du Maine, & qu'ils furent tenus par les Normans, jusqu'à ce qu'un certain Hugues se rendit maître du Maine.

Toutefois M. le Corvaisier dans la vie de Menard ou de Maincler vingt-huitiéme Evêque du Mans, remarque, qu'une autre vieille Chronique de Normandie donne à Riol ou Riospe, autrement Heroul qui se revolta contre Guillaume fils de Rollo son bienfaicteur, le nom de Comte de Constantin & du Maine ; mais que cette derniere qualité est douteuse, & que quelques Memoires genealogiques des Comtes du Maine assurent, que Riol avoit épousé la fille de Geofroy ou Godefroy, qui portoit le titre de Comte du Maine, laquelle à cause sa mere femme de Godefroy étoit Comtesse de Constantin.

Quoy qu'il en soit, on compte pour premier Comte du Maine & qui possedoit cette Province en proprieté, Hugues premier, qui prit en plusieurs Actes le surnom de David sous le Regne de Hugues Capet, lequel pour s'assurer la Couronne partagea le Royaume en Duchez & Comtez hereditaires, à la charge par les Ducs & Comtes & par leurs Successeurs, de tenir leurs Duchez & Comtez à foy & hommage de la Couronne.

A Hugues I. succeda Hebert ou Herbert I. son fils, surnommé Eveille-chien; A Herbert I. Hugues II. A Hugues II. Herbert II.

Aprés la mort de Herbert II. decedé sans enfans, sa succession fut contestée entre Guillaume Comte de Meulan & de Pontoise, le Marquis de Ligurie, Elie de la Fleche, & Guillaume le Bâtard Duc de Normandie, & depuis Roy d'Angleterre & ses enfans, lesquels Concurrens se firent long-temps la guerre.

Guillaume de Meulan prétendoit le Comté du Maine, parce qu'il avoit épousé Biette fille de Herbert Eveille-chien & tante de Herbert dernier mort. Axon ou Azon, Marquis de Ligurie, y prétendoit, parce qu'il avoit épousé Herscende fille aînée de Hugues II. & sœur de Herbert II. de laquelle il avoit un fils nommé Hugues, & même il fut appellé par les Manceaux avec sa femme & leur fils Hugues pour prendre possession du Comté. Elie de la Fleche y prétendoit, parce qu'il étoit fils de Jean de la Fleche & de Paule seconde fille de Hugues II. & Guillaume le Bâtard y prétendoit, parce que Herbert II. l'avoit institué son heritier par son testament, & que Robert fils aîné de Guillaume le Bâtard avoit fiancé Marguerite troisiéme fille de Hugues II. dont le mariage ne fut pas neanmoins celebré, Marguerite étant morte à Fescam avant l'âge de puberté. Ces prétentions de differens Princes causerent beaucoup de troubles dans la Province.

Toutefois le Comte de Meulan & Biette sa femme ne furent jamais en possession du Comté, & moururent quelque temps aprés Herbert II. Mais les trois autres Princes jouerent au boutehors. Guillaume le Bâtard, qui étoit le plus puissant, s'en rendit maître le premier, & fut même reçû & reconnu pour Comte par les Habitans de la Ville du Mans : Neanmoins ils se revolterent plusieurs fois, & reçûrent même dans la Ville Axon ou Azon, lequel s'étant retiré en Italie, & ayant laissé sa femme & son fils au Mans sous la conduite de Geofroy de Mayenne, Guillaume le Bâtard reprit la Ville.

Aprés la mort de Guillaume, Robert son fils aîné, Duc de Normandie, prétendit au Comté, & fut veritablement reçû au Mans en qualité de Comte; mais ayant été obligé de retourner en Normandie pour s'opposer aux entreprises de Guillaume le Roux Roy d'Angleterre son frere, qui prétendoit le dépoüiller du Duché de Normandie, que Robert lui avoit engagé pour douze mille marcs d'argent, afin de les employer aux dépenses de la Croisade resoluë dans le Concile de Clermont, auquel le Pape Urbain II. présidoit, les Manceaux impatiens du joug des Normans, appellerent Hugues fils d'Axon ou Azon & de Herscende, qui s'en étoient retournez en Italie, & le reçûrent dans la Ville du Mans. Mais Hugues ayant eu avis que Robert & Guillaume le Roux, aprés avoir fait la paix ensemble, levoient des troupes pour aller fondre sur le Maine, & desesperant de pouvoir resister à ces deux puissans Princes, vendit les droits qu'il avoit sur le Comté à Elie de la Fleche, qui s'y maintint pendant quelque temps, jusques à ce que Robert Talvas, Comte de Bellesme l'ayant fait prisonnier de guerre dans une embuscade, le livra à Guillaume le Roux. C'est pourquoi Guillaume étant allé au Maine avec de grandes forces, Elie ne put recouvrer la liberté qu'à condition que le Mans, & toutes les Forteresses dépendantes du Comté du Maine seroient renduës au Roy Guillaume, ce qui fut executé.

Depuis ce temps-là Guillaume ayant passé en Angleterre pour appaiser des broüilleries que Robert son frere lui avoit suscitées à son tour, Elie chercha les moyens de rentrer dans le Comté, & se rendit maître de la Ville du Mans, dont il fut toutefois contraint de se retirer aux approches de Guillaume qui avoit repassé la mer.

Enfin le Roy Guillaume ayant été tué par un coup de fleche dans la Forest neuve, Elie reprit derechef les armes & se rendit maître de la Ville du Mans & du reste du Comté, dans la possession duquel il demeura paisible par le Traité de Paix qu'il fit avec Robert Duc de Normandie & Henry Roy d'Angleterre son frere & du defunt Roy Guillaume.

Le tombeau de cet Elie se voit encore dans une Chapelle de

de l'Eglise Abbatiale de la Coulture, qui est au bout de la croisée de cette Eglise à main gauche; il a été rétabli par les soins de Frere Michel Lagneau, Religieux & Prieur Claustral de cette Abbaye. Elie ne laissa qu'une fille nommée Eremboürge par quelques-uns & par d'autres Sibile, qui fut mariée avec Foulques Comte d'Anjou, & par ce moyen les Provinces d'Anjou & du Maine tomberent sous la domination d'un même Prince.

De ce mariage nâquit Geofroy, nommé le Bel par l'Histoire de France, & Martel par la Cronique de Normandie; il succeda aux Comtez d'Anjou & du Maine. Il fut marié avec Mahault ou Mathilde fille & unique heritiere de Henry I. Roy d'Anglererre, veuve de l'Empereur Henry V. dont elle n'avoit point d'enfans: Du second mariage de Mahault avec Geofroy nâquirent deux fils, Henry & Guillaume: Henry fut Roy d'Angleterre II. du nom & Duc de Normandie, Comte d'Anjou, de Touraine & du Maine, & par sa femme Alienor repudiée de Loüis le Jeune Roy de France, Comte de Poictou & Duc de Guienne.

Henry II. Roy d'Angleterre eut quatre enfans, Henry, Richard, Geofroy, & Jean; Henry mourut avant son pere: de sorte que Richard succeda à Henry II tant au Royaume d'Angleterre, qu'aux autres Seigneuries qu'il possedoit en France.

Richard étant mort sans enfans, il avoit institué par son testament pour heritier Artur son neveu, fils de Henry son frere aîné, & de Constance Duchesse de Bretagne, si bien que Artur fut par ce moyen non seulement Roy d'Angleterre, Duc de Bretagne, de Normandie & de Guienne, Comte de Poictou, de Touraine, d'Anjou & du Maine. Mais la sucession de tous ces grands Etats, à la reserve de la Bretagne, lui fut contestée par Jean, dit Sans-Terre, qui leva une grande Armée en Angleterre, d'où ayant passé en France, & donné le commandement de son Armée au Ch evalier des Roches, il livra bataille à Artur qui assiegeoit Mirebeau, & le fit prisonnier de guerre, & l'ayant livré à Jean Sans-Terre, il le fit massacrer dans la prison. M. d'Argentré dit que Jean le tua lui-même d'un coup d'épée dans une promenade sur le bord de la mer en Normandie.

Jean, par cet attentat, se trouva Roy d'Angleterre, Duc de Guienne & de Normandie, Comte de Poictou, de Touraine, d'Anjou & du Maine. Mais le crime de Jean le rendant indigne de succeder à Artur, le Roy de France Philippes Auguste, aprés l'avoir fait declarer par son Parlement attaint & convaincu de l'assassinat commis en la personne d'Artur, & du crime de felonie, pour n'avoir pas obeï au commandement, que Sa Majesté lui avoit fait de mettre bas les armes, fit confisquer sur lui par Arrest du même Parlement toutes les grandes Seigneuries qu'il possedoit en France, & en consequence le Roy Philippes Auguste conquit la Normandie, l'Anjou, le Maine, la Touraine, le Poictou, & une bonne partie de la Guienne: si bien que par ce moyen le Maine fut rëüni à la Couronne.

Et depuis saint Loüis petit-fils de Philippes Auguste donna en proprieté (ainsi que quelques uns prétendent) à son frere Charles les Comtez d'Anjou & du Maine. Charles fut aussi Comte de Provence à cause de Beatrix sa femme quatriéme fille de Raimond Berenger Comte de Provence, dont saint Loüis avoit épousé la fille aînée, nommée Marguarite. Ce Charles fut encore Roy de Sicile & de Naples, par l'investiture qu'il reçut de ces deux Royaumes du Pape Urbain IV. & il prit aussi le titre de Roy de Jerusalem, par la cession que lui en fit Marie fille de Frideric Prince d'Antioche, fils naturel de Baudoüin second Empereur de Constantinople. Mais il n'eut que le titre du Royaume de Jerusalem, & il ne put conserver que le Royaume de Naples, Pierre d'Arragon ayant conquis sur lui le Royaume de Sicile par la perfidie des Siciliens. La cruelle boucherie des Vespres Siciliennes arrivée le propre jour de Pasques l'an 1282. est connuë de tout le monde.

A Charles I. du nom succeda Clemence, quelques-uns disent Marguarite, & les autres Catharine fille de Charles le Boiteux (qui fut Roy de Naples aprés Charles premier son pere). Clemence fut mariée à Charles de Valois second fils de Philippes le Hardy Roy de France, en faveur duquel mariage Charles I. ayeul de Clemence, ou Marguarite, ou Catharine lui donna les Comtez d'Anjou & du Maine, en sorte que par ce moyen Charles de Valois fut Comte d'Anjou & du Maine par sa femme & second du nom. C'est ce Charles II. dont on a dit, Fils de Roy, Frere de Roy, Oncle de Roy, Pere de Roy, & si jamais ne fut Roy.

A Charles II. succeda Philippes de Valois son fils, lequel étant devenu depuis Roy de France VI. du nom, ces Provinces furent derechef reünies à la Couronne.

Le Roy Philippes de Valois donna ces deux Provinces en appanage à Jean son fils, lequel depuis succeda au Royaume, & par consequent elles furent pour la troisiéme fois reünies à la Couronne.

Le Roy Jean donna ensuite ces Provinces en appanage à Loüis I. son second fils, & il érigea le Comté d'Anjou en titre de Duché.

Loüis premier Duc d'Anjou fut adopté par Jeanne premiere Reine de Naples & de Sicile,& appellé par ce moyen à ces deux Royaumes, dont il reçut l'investiture par le Pape Clement VII. seant en Avignon : mais ayant passé dans le Royaume avec une Armée de cinquante mil hommes, aprés quelques exploits de guerre il fut défait par le Prince de Durazo, & il se retira à Barry ville de l'Apoüille, où il mourut de chagrin du mauvais succés de ses affaires.

A Loüis premier succeda Loüis II. son fils és Duché d'Anjou & Comté du Maine, ainsi qu'à la Provence, & aux droits des Couronnes de Naples & de Sicile, lesquels deux Royaumes il ne possedа point, le Prince de Durazo étant demeuré paisible possesseur du Royaume de Naples, & aprés lui son fils Ladislas, auquel succeda la Reine Jeanne seconde sa fille. Et les Rois d'Arragon s'étans pareillement toûjours maintenus dans le Royaume de Sicile.

A Loüis second succeda Charles second son troisiéme fils au Comté du Maine, qui lui fut donné par René son frere aîné Duc d'Anjou & Comte de Provence, Roy de Naples & de Sicile, ausquelles Couronnes René prétendoit, parce qu'il avoit été institué heritier par Jeanne seconde Reine de Naples aprés la mort de Loüis d'Anjou sans enfans frere aîné de René, qu'elle avoit adopté, desquels deux Royaumes René ne posseda que celui de Naples pendant un peu de temps, en ayant été chassé par Alphonse Roy d'Arragon & de Sicile, qui avoit été adopté par Jeanne avant Loüis d'Anjou, & à Alphonse succeda Ferdinand son fils naturel, & à Ferdinand Alphonse son fils.

Charles III. Comte du Maine deceda le 10. Avril 1472. & fut inhumé en l'Eglise Cathedrale du Mans, où l'on voit son tombeau qui est dans le mur qui fait la separation du Chœur de l'aîle droite de l'Eglise du côté de la Sacristie. L'on y lit ces vers gravez dans une table de marbre qui est au dessous de l'Urne,

Gallorum prisca veniens ab origine Regum,
Carolus hoc tumulo conditur Andegavis.
Filius ejusdem successit nominis heres
Trinacriæ Princeps Rexque Hierosolimis.
Huic Templo bis quinque dedit Pater aurea vasa,
Quæ sacra Divorum molliter ossa tegunt.
Ter centum Clero solvenda numismata natus
Annua legavit; parcat utrique Deus.

A Charles III. succeda son fils Charles IV. qui succeda pareillement au Duché d'Anjou & au Comté de Provence par la mort de René, qui l'avoit institué son heritier universel.

A Charles IV. & dernier Duc d'Anjou & Comte du Maine, qui deceda sans enfans à Aix en Provence le 10. Avril 1472. succeda Loüis XI. Roy de France, que Charles avoit institué son heritier par son Testament, dont il n'avoit pas besoin à l'égard du Duché d'Anjou & du Comté du Maine, que la derniere Maison d'Anjou n'avoit possedez qu'en appanage. Si bien qu'en la personne de ce Roy les Duché d'Anjou & Comté du Maine furent encore une fois reünis à la Couronne.

Jusques à ce que Edoüard Alexandre troisiéme fils du Roy Henry II. avant que d'être Roy de Pologne & Roy de France sous le nom de Henry III. en fut appanagé, aprés avoir joüi quelque temps du Duché d'Angoulesme & ensuite du Duché d'Orleans.

Et aprés luy son frere François Hercule Duc d'Alençon prit la qualité de Duc d'Anjou & Comte Maine: mais étant mort sans posterité, ces Seigneuries furent encore reünies à la Couronne.

Et depuis Jean Baptiste Gaston de France frere du Roy Loüis XIII. de glorieuse memoire en fut appanagé, & quelque temps aprés au lieu de cet appanage le Roy son frere luy donna celui des Duchez d'Orleans, de Chartres, de Valois, d'Alençon, & des Comtez de Blois, Montlhery & Limours.

Dans la suite Monsieur Philippes de France, frere unique de nôtre glorieux Monarque LOÜIS LE GRAND, posseda les Duché d'Anjou & Comté du Maine en appanage, jusques à la mort de Jean-Baptiste Gaston de France, aprés laquelle Sa Majesté lui a donné en appanage les Duchez d'Orleans & de Chartres.

Enfin le titre de Duc d'Anjou a été donné par le Roy au

ſecond Fils de Monſeigneur le Dauphin, à preſent Roy d'Eſpagne : & comme il n'avoit encore que le titre, lorſqu'il a été appellé à la ſucceſſion de tous ces grands Etats, il n'a pas été beſoin d'aucune reunion à la Couronne.

Et à l'égard du Maine, le titre de Duc du Maine a été donné par Sa Majeſté à Loüis Auguſte de Bourbon fils legitimé de France, mais il n'en a que le titre & n'en a point le domaine.

Les Provinces d'Anjou & du Maine ayant été ſi long-temps ſous la domination des mêmes Princes, il ne faut pas être ſurpris ſi les Coûtumes de ces deux Provinces ſont preſque conformes en toutes leurs diſpoſitions, à la reſerve de quelques articles qui ſont remarquez par Maître René Chopin *libell. de commun. Gallic. Conſuet. pracept. cap.* 5. leſquelles differences j'ay auſſi remarquées à meſure qu'elles ſe trouvent ſur les art. que j'ay conferez avec la Coûtume de Paris.

Mais ce qui nous doit donner de l'admiration, eſt le changement qui eſt arrivé dans les Loix de ces deux Provinces, auſſi-bien qu'en toutes les autres du Royaume, qui ſont regies par le Droit Coûtumier : parce qu'il ne faut point douter que dans le temps auquel les Gaules étoient ſoumiſes à l'Empire Romain, le Droit Romain ne fût la Loy du Païs, bien qu'on ne puiſſe diſconvenir que quelques Provinces & quelques Villes avoient des Coûtumes particulieres qui leur venoient du temps, auquel les Gaules n'étoient pas encore ſoumiſes à l'Empire Romain, comme nous le pouvons conjecturer de la Loy *Cum de Conſuetudine ff. de Legib. & Senatuſc. & long. Conſuet.* Mais toûjours la Loy dominante étoit la Loy Romaine.

Il eſt vray que quand les premiers François ſe rendirent maîtres des Gaules, ils ſe ſervirent entre eux de la Loy Salique qu'ils y apporterent : mais ils n'abrogerent pas les Loix Romaines. Clotaire I. fit une Ordonnance en l'année 560. par l'art. 4. de laquelle il veut que les Romains ſe reglent dans leurs affaires ſuivant les Loix Romaines, & il ordonne par l'art. 13. que ceux qui ont poſſedé une choſe paiſiblement pendant trente ans n'en puiſſent être évincez, *juxta Romanarum legum ſeriem.* Et il ne faut point douter que cela n'ait été ordonné ſur la requête des Romains, de même que les Syriens obtinrent des Rois François de Jeruſalem de vivre ſelon leurs Loix, & d'avoir un Juge qui jugeât de leurs differens, comme nous voyons au chap. 4. des Assises de Jerusalem. Et parce que les Rois de France regnoient sur d'autres Nations, ils permirent qu'elles vêquissent suivant leurs Loix, dont nous voyons dans les Capitulaires des Rois de la premiere & de la seconde Race plusieurs Constitutions pour les Allemans, pour les Ripuaires, pour les Peuples de Baviere, & pour les Saxons. C'estpourquoy Charles Magne *in Capitulari 6. anni* 803. répond à celui qui lui avoit demandé, *Si Comes de notitia solidum unum accipere debeat, & Scabini sive Cancellarius; lege Legem Romanam, & sicut ibi inveneris exinde facias. Si autem ad Salicam pertinet Legem, & ibi minimè repereris, quid exinde facere debeas, ad placitum nostrum generale exinde interrogare facias.*

Et c'est pour la même raison que le Roy Charles le Chauve établissant *per Edictum Pistense* de certaines loix contre les faux-Monnoyeurs, & contre quelques autres Criminels, ordonne que dans les lieux, où l'on juge suivant les Loix Romaines, elles y soient observées, *cap.* 15. 20. 25. 31. *&* 34.

Mais on ne se servoit lors que du Code Theodosien & des Novelles du même Theodose & de Valentinien, de Martien, de Majorien, de Leon & d'Anthemius, & de Severe, & peut-être même de quelques titres du Code Gregorien & du Code Hermogenien, & de quelques Traitez des Jurisconsultes, qui s'étoient répandus dans les Gaules au temps qu'elles étoient soumises à l'Empire Romain. Et l'on ne se servoit point du Code Justinien, ni des Pandectes redigées par son ordre, ni de ses Institutes, ni de ses Novelles : parce que les François étoient entrez dans les Gaules dés l'année 421. & que Justinien ne parvint à l'Empire qu'en 528. Les Goths même qui possedoient une partie des Gaules dans le temps de l'irruption des François, & desquels Tolose étoit la Capitale, apporterent leurs Loix dans ce Païs-là. Mais toutefois Alaric (qui en étoit Roy, & qui fut vaincu & dépoüillé de ses Etats par Clovis nôtre premier Roy Chrétien) ordonna que les Romains vêquissent suivant les Loix Romaines : & Theodoric même beau-pere d'Alaric Roy des Ostrogoths en Italie (qui par la victoire qu'il remporta sur Clovis, rétablit Almaric fils d'Alaric sur le Thrône de son pere) fit rediger le Code Theodosien, les Novelles du même Theodose, de Valentinien, de Martien, de Majorien, de Leon & d'*Anthemius*, & de Severe, les Fragmens de la Loy des douze Tables, des Institutes du Jurisconſulte *Gaius*, les Sentences reçûës du Juriſconſulte *Paulus*, & les Regles d'Ulpien, & quelques autres Traitez, avec les Interpretations d'*Anianus*, qu'il avoit faites par l'ordre du même Theodoric. Ce Code fut autoriſé par Charles Magne l'an vingtiéme de ſon Regne, prenant la qualité de Roy des François, des Lombards, & de Patrice des Romains. Mais, comme Monſieur Cujas remarque, il y eut apparemment beaucoup de Loix Gothiques mêlées. Et même Jacques Godefroy obſerve qu'il en fut retranché beaucoup de Conſtitutions des Empereurs Romains, parce qu'elles étoient contraires à ce qui ſe pratiquoit chez les Goths.

Et comme on ſe ſervoit de la langue Grecque à Conſtantinople & dans les Païs adjacens, bien que le Droit Civil compilé par l'ordre de Juſtinien fût preſque tout en langue Latine, à la reſerve de quelques Conſtitutions de ſon dernier Code & de ſes Novelles, neanmoins tout le Droit fut traduit de ſon temps en langue Grecque, ainſi que cet Empereur l'avoit permis par ſa Conſtitution confirmative du Digeſte, & par ſon Oraiſon Grecque, qu'il adreſſa au Senat & au Peuple de Conſtantinople & à toutes les nations de ſa domination. C'eſtpourquoy l'on commença deſlors à Conſtantinople & à Berithe, qui étoient les deux ſeules Ecoles publiques, où l'on enſeignoit le Droit dans l'Orient, d'enſeigner le Droit Romain en langue Grecque, ce qui fut cauſe que l'étude en fut negligée & preſque inconnuë dans l'Empire d'Occident, où l'on ne ſe ſervoit que de la langue Latine, d'autant plus que les Provinces d'Occident avoient été envahies par des Nations étrangeres.

Le Droit Civil compilé par les ordres de Juſtinien commença même à être preſque inconnu dans l'Orient, depuis que l'Empereur Baſile le Macedonien, avec ſes fils Conſtantin & Leon, fit faire un nouvel abbregé du Droit, qu'ils appellerent πρόχειρον, c'eſt-à-dire un Manuel qui fut composé de quarante Livres, comme Monſieur Cujas obſerve dans ſon Epître dedicatoire *ad lib. ſextum Baſilixων*, & depuis que le même Leon ſurnommé le Philoſophe eût fait rediger tout le Droit tant du Digeſte que du Code & des Novelles en ſoixante Livres, qu'il appella Baſiliques, auſquelles Conſtantin Porphyrogenete ſon fils apporta la derniere main, ayant fait corriger les défauts, qui ſe trouvoient dans les Baſiliques de ſon pere, ce qui fut appellé ἀνακάθαρσις ſive *Baſilica repetitæ prælectionis*, *aut repurgationis*, dans lesquelles il fit inserer les Constitutions des Empereurs d'Orient posterieures au Droit compilé par les ordres de Justinien, qui étoient en usage.

C'est pourquoy il n'y a pas d'apparence que le Digeste, le Code & les Instituts, & encore moins les Novelles de Justinien ayent été beaucoup connuës en France avant que ces Livres eussent été trouvez tous couverts de poussiere dans une Bibliotheque de la Ville de Melphe au Royaume de Naples, sous l'Empire de Lothaire II. (qui commença à regner en l'année 1126.) par *Irnerius*, *VVarnerus* ou *Yverncherus* Jurisconsulte de ce temps-là, à la persuasion duquel l'Empereur Lothaire ordonna que l'on s'en serviroit à l'avenir dans les Tribunaux de l'Empire d'Occident, qu'on en feroit des copies, & qu'on l'enseigneroit dans les Universitez.

Toutefois quelques-uns prétendent qu'avant la découverte du Droit Civil compilé par Justinien faite dans la Ville de Melphe, il y en avoit des Exemplaires dans quelques Bibliotheques de la France, parce que Yves de Chartres, qui vivoit quelque temps avant cette découverte, en fait mention dans la quatriéme partie de son Decret *de Consuetudinibus*, chap. 171. & 172. Mais ils n'ont pas fait reflexion que Yves de Chartres n'en parle pas pour l'avoir vû, mais comme ayant appris de l'Histoire des Lombards *liv.* 5. *chap.* 25. & de l'Histoire d'Anastase le Bibliothequaire, que Justinien avoit fait compiler ce Droit. Il est vrai que j'ai vû dans la Bibliotheque Royale deux Manuscrits du Code Justinien, au haut de la premiere page de l'un desquels est écrit en chiffre Arabique 1056. Mais ce chiffre a été barré d'un trait de plume tiré de bas en haut par le milieu.

Quelques-uns pourroient aussi s'imaginer que ce qui se trouve dans la même troisiéme partie du Decret d'Yves de Chartres chap. 98. qu'il nous donne comme l'ayant tiré du Concile de Troyes tenu en l'année 878. par le Pape Jean VIII. Loüis le Begue regnant en France, est une preuve que le Droit Civil compilé par Justinien, étoit dés ce temps-là dans le Royaume. Ce chapitre porte que le Pape seant dans ce Concile, *Sigebodus* Archevêque de Narbone assisté de ses Suffragans lui representa le Livre des Loix Gothiques, & qu'il ne s'y étoit rien trouvé touchant la peine du crime du sacrilege, & que neanmoins le Livre des Loix Gothiques portoit que les causes,

causes, touchant lesquelles il n'y étoit rien décidé, ne seroient point entenduës par les Juges du Païs des Goths : de sorte que par ce moyen le droit des Eglises étoit violé impunément dans le Languedoc & dans l'Espagne ; mais que le Pape s'étant fait representer les Loix Romaines, il avoit trouvé que Justinien avoit fait une Loy, par laquelle il avoit composé du crime de sacrilege à cinq livres de tres-bon or, laquelle le Pape reduisit à trente livres de bon argent. Ce même chapitre se trouve veritablement au neuviéme Tome des Conciles, à la suite du Concile de Troyes, dont les Compilateurs des Conciles ont crû qu'il faisoit partie, & dans les Capitulaires de Louis le Begue.

Mais cette piece est supposée & postice, & n'a jamais fait partie du Concile de Troyes pour plusieurs raisons. La premiere est que la fin des Conciles est toûjours la souscription des Evêques & autres lesquels y ont assisté. Ce Concile contient sept chapitres, le dernier desquels est touchant les accusations que l'on intente contre les Evêques, ensuite duquel sont les souscriptions du Pape Jean VIII. & de vingt-neuf Evêques. Et aprés ces souscriptions on y a ajoûté un autre chapitre que l'on cotte aussi septiéme, auquel on a donné pour titre dans le neuviéme Tome des Conciles, *Lex de sacrilegis à Joanne Papa Gothicis Legibus addita.*

La seconde raison est que l'on a donné pour titre à ce chapitre dans les Capitulaires, *Confirmatio Legis Karoli de compositione sacrilegi coram Hludovico Rege & Episcopis* 53. *in Concilio Tricassino & eorum autoritate juncta Gothicæ Legi* : Et neanmoins il n'y a eu que vingt-neuf Evêques qui ayent assisté au Concile de Troyes.

La troisiéme raison est, qu'aucun de ces Evêques ni le Pape même n'ont point souscrit à la fin de ce chapitre.

La quatriéme raison est que Justinien n'a point composé à cinq livres d'or pour la peine du sacrilege. La peine du sacrilege est l'exposition aux bestes feroces, ou le feu, ou la potence, suivant la qualité du crime, *L. sacrilegii ff. ad L. Jul. pecul. & de sacrileg.* & il n'y a été rien changé au titre du Code *de crim sacril.* ni dans les Novelles. Si celui qui a fait cette piece postice, & qui l'a ajoûtée au Concile de Troyes avoit cherché dans les Sentences du Jurisconsulte *Paulus*, qui ont été mises au jour avec le Code Theodosien, il auroit trouvé au titre 19. du Livre 5. que la peine du sacrilege, qui se commet la nuit est l'exposition aux bestes, & du sacrilege qui se commet le jour, quand il ne s'agit que d'un vol de peu de chose; est l'exil contre ceux qui sont d'une condition honneste, & la condemnation aux mines contre ceux qui sont de la lie du peuple.

La cinquiéme raison est que celui qui a composé cette piece, fait parler Justinien comme nos premiers Rois dans leurs Capitulaires, par lesquels il est composé de tous les crimes mêmes capitaux, à une certaine somme d'argent, ce qui ne se trouve point dans les Loix Romaines, si ce n'est pour les délits privez, dont les plus grandes peines n'excedent pas même le quadruple de la valeur de la chose.

La sixiéme raison est que les Papes ni les Conciles ne sont point en droit, & n'ont point de coûtume d'imposer des peines pecuniaires, mais seulement des peines canoniques.

La septiéme raison est que Gratien rapporte la decision de ce chap. *can. Quisquis*, *c.* 17. *q.* 4. & neanmoins il ne l'attribuë point au Concile de Troyes, l'adresse de ce Canon est, *Joannes Papa VIII. scribit omnibus Episcopis.* De sorte que je me persuade aisément, suivant ce qui a été observé ci-dessus, que cette addition qui a été faite au Concile de Troyes, tenu sous Jean VIII. est sortie de la boutique de quelques Moines des siecles passez, qui ont crû qu'une peine de trente livres d'argent étoit plus avantageuse à leurs Eglises, que les peines ordonnées par les Loix Romaines.

Aprés la découverte du Droit Civil dans la Ville de Melphe, le premier qui en donna des Leçons fut le même *Irnerius* dans l'Université de Bologne. Et Monsieur de Cambolas estime qu'une traduction en vieux François des trois derniers Livres du Code, dont Monsieur Cujas fait mention dans son Epître dedicatoire de ses Commentaires sur ces trois derniers Livres à Marguarite Duchesse de Savoye & de Berry, qui étoit fille de François premier, fut faite du temps même de Lothaire II. parce que Monsieur Cujas dit que cette traduction fut faite par les anciens François; on la lui avoit envoyée de la Bibliotheque de la Reine Catharine de Medicis. Peu de temps aprés *Irnerius*, le Jurisconsulte *Placentius* enseigna le Droit Civil dans la Ville de Montpellier, lequel fut suivi par le Jurisconsulte Azon pendant quelques années: mais il retourna à Bologne, dont il étoit originaire, pour y donner des leçons.

Ces Observations confirment ce qui a été remarqué ci-dessus, que bien que Clotaire II. eût ordonné, que les Romains de son Royaume vivroient suivant les Loix Romaines, neanmoins avant la découverte du Droit Civil dans la Ville de Melphe, on ne se servoit en France que du Code Theodosien & de quelques Traitez des Jurisconsultes Romains, dont il a été ci-dessus fait mention.

Nous avons au Maine deux exemples memorables que l'on vivoit suivant les Loix Romaines compilées dans ce Code, qui sont les testamens de saint Bertram, & de saint Ardoüin, ou Audoüin, tous deux Evêques du Mans, dont le premier vivoit sous Clotaire II. & le dernier sur la fin du Regne du même Clotaire, sous Dagobert I. & sous Clovis II. M. le Corvaisier rapporte en leur entier les testamens de ces deux Evêques. Monsieur le President Brisson au Livre 7. de ses Formules fait mention du testament de saint Bertram, & il rapporte aussi en leur entier les testamens de saint Ardoüin & de saint Remy Archevêque Rheims. Ces trois testamens sont conformes à la disposition de la Loy derniere *C. Theod. de Testam.* qui ordonne qu'afin que l'heritier puisse se servir de la clause codicillaire, le Testateur ait ordonné par son testament, que s'il ne vaut pas comme Testament, il soit valable comme Codicille; de sorte que Bertram & Ardoüin avoient ordonné par leurs Testamens, que s'ils ne valoient pas comme Testamens, soit par le Droit Civil, soit par le Droit du Preteur, ils fussent valables comme Codiciles. Saint Bertram avoit même obtenu une permission du Prince de faire son testament en telle forme qu'il souhaiteroit, conformément à la Loy *omnium Testamentorum*, qui est des Empereurs *Honorius* & *Theodosius C. de Testam.* Il est vrai que cette Loy ne se trouve pas dans le Code Theodosien: & c'est apparemment une de celles qui en fut retranchée, suivant la remarque de Jacques Godefroy: mais il ne faut point douter qu'elle n'eût été envoyée dans les Gaules, d'autant plus qu'elle fut faite à Ravenne, qui n'en est pas éloignée, & qu'*Honorius* eut plusieurs guerres dans les Gaules, où il fit passer des troupes. D'ailleurs la seconde Novelle de Theodose & de Valentinien *de Testam. tit.* 4. n'est pas beaucoup éloignée de la Loy *omnium Testamentorum*. Le Testament de Bertram est signé de plusieurs témoins qui excedent le nombre de sept. Celui d'Ardoüin n'est signé que de sept témoins, conformément à la premiere Novelle des mêmes Empereurs *de Testam. tit.* 8. qui est la Loy *Hæc consultissima* 21. du Code de Justinien *de Testam.*

Ces deux Evêques ordonnerent encore, que quand leurs Testamens seroient ouverts, ils seroient déposez dans les Registres publics, conformément à la Loy quatriéme, *C. Theodos. eod.*

Il semble qu'ayant été observé ci-dessus, que le Roy Clotaire II. avoit ordonné que les Romains vivroient suivant les Loix Romaines, l'on en doit tirer cette consequence, qu'il falloit que saint Bertram & saint Ardoüin fussent Romains. Et neanmoins M. le Corvaisier remarque que saint Bertram étoit de la famille Royale, laquelle étoit Françoise: & à l'égard de saint Ardoüin, cet Auteur dit que quelques-uns estiment qu'il étoit Ecossois, & d'autres qu'il étoit François. Sur quoy l'on doit faire cette observation, que l'usage des Testamens nous étant venu des Romains, il falloit en cela se conformer aux Loix Romaines.

Monsieur le Président Brisson semble vouloir nous insinuer que le Testament du Roy Dagobert premier a pareillement été fait suivant les formalitez du Droit Romain, toutefois Aimoin qui rapporte un fragment de ce Testament *lib.* 4. *de gest. Franc. cap.* 30. ne fait point mention d'autres formalitez, sinon que ce Roy ordonna que trois exemplaires de son Testament seroient déposez dans les Archives des Eglises, le premier à Lyon, le second à Paris, le troisiéme à Mets, & qu'un quatriéme exemplaire seroit déposé dans les Archives de son Palais: Mais je ne doute point que les autres formalitez des Loix Romaines n'ayent été observées dans ce Testament par la raison que je viens de toucher.

Il semble pareillement que le même Monsieur Brisson veüille nous insinuer, que Charles Magne fit son Testament suivant les mêmes formalitez, & il dit qu'il est rapporté par Eginhart. Mais Eginhart ne rapporte point ce Testament, & il dit seulement que cet Empereur l'ayant voulu faire, & instituer ses filles ses heritieres pour quelques portions de ses biens, il ne le put parachever, parce qu'il l'avoit commencé trop tard: mais s'il l'eût parachevé, il auroit été, suivant toutes les apparences, revêtu des formalitez prescrites par le Droit Romain, parce qu'il étoit Empereur Romain dans l'Occident.

On peut dire aussi à l'égard des Testamens des trois Evêques dont je viens de faire mention, que l'on ne doit pas être surpris, s'ils sont conformes aux Loix Romaines, parce que les Ecclesiastiques vivoient dans ces temps-là suivant les Loix Romaines, qui leur étoient plus convenables, & ausquelles ils étoient accoûtumez avant que les François se fussent emparez des Gaules. C'est ce que nous voyons dans le ch. 58. des Capitulaires du Roy Dagobert, qui porte pour titre, *Incipit Lex Ripuariorum*. Et même cela fut ordonné par un Capitulaire de Loüis le Debonnaire de l'an 837. chap. 5.

Quoy qu'il en soit, la Formule 17. du Livre 2. de Marculfe nous apprend que de son temps les Testamens se faisoient en France suivant les formalitez prescrites par les Loix Romaines. Cet Auteur vivoit sous le Regne de Clovis II. fils de Dagobert I. dans le septiéme siecle, ayant legué à l'âge de 70. ans ses deux Livres des Formules *Landerico Papa*, c'étoit saint Landry Evêque de Paris, suivant la remarque du docte Monsieur Bignon. La Formule 72. de Lindenbroge est presque semblable.

Mais comment s'est-il donc pû faire, que non seulement à l'égard des Testamens, mais aussi à l'égard de beaucoup d'autres matieres, les Loix Romaines se soient insensiblement abrogées en la France Coûtumiere, même à l'égard des Ecclesiastiques, vû que depuis que les François s'emparerent des Gaules jusques à la vingtiéme année du Regne de Charles Magne, qui étoit l'an 788. & même jusques en l'année 803. les Loix Romaines étoient encore en vigueur dans le Royaume entre les Romains?

Quelques-uns prétendent que les Ducs & Comtes étans devenus hereditaires sous le Regne de Hugues Capet, ils asservirent tellement leurs Sujets, que toute la France devint Mainmortable, à la reserve des grands Seigneurs, & de ceux qui possedoient des Fiefs : de sorte que tous les Roturiers, qui ne possedoient point de Fiefs, n'eurent plus besoin de Loix entre eux, que celles que les Seigneurs leur vouloient donner, & que c'est de là que sont venus les gens de Mainmorte, qui sont de condition servile, au lieu que les Peuples des Gaules dans le temps que les François s'en emparerent, étoient tous libres, & que les Gaulois étoient tous Romains, & vivoient tous suivant les Loix Romaines, & que quand les Seigneurs affranchirent les gens de Mainmorte, ils leur donnerent des Coûtumes, suivant lesquelles ils devroient vivre à l'avenir, & que l'ignorance de ces temps-là ne contribua pas peu au changement des Loix. Deux Auteurs d'un merite distingué, & dont on peut dire qu'ils sont tirez pour le bien public à cause de leur assiduité infatigable dans la recherche des Antiquitez de nôtre France, de nos Coûtumes & des Ordonnances de nos Rois, sont de ce sentiment: c'est aussi celui de M. de la Thaumassiere dans son Avertissement sur les Coûtumes locales de Berry & de Lorris, où il dit que les Coûtumes données par les Seigneurs à leurs hommes, qu'ils affranchissoient, sont la veritable source de nos Coûtumes.

Mais ces Auteurs me pardonneront si je vendique la liberté de nos Peres. Je ne me flate pas veritablement de pouvoir employer pour la défense de cette cause autant d'éloquence & de recherches curieuses comme ils ont fait, pour prouver que nos Peres n'ont été que des Esclaves: mais la verité n'a pas besoin de tant d'art pour sa défense: & ils doivent d'autant moins trouver mauvais, que j'entreprenne la défense de la liberté de nos Peres, qu'il leur sera plus honorable d'être descendus de Peres libres, que de tirer leur origine de miserables Esclaves; de sorte que l'on peut dire qu'il est même de leur interest, que je gagne ma cause. Enfin je suis d'autant plus persuadé qu'ils ne se formaliseront point, que j'entre en cette dispute, qu'ils demeurent d'accord eux-mêmes que leur opinion n'est fondée que sur des conjectures.

Je dis donc premierement qu'on ne peut pas soûtenir que tous les Peuples des Gaules fussent Romains, dans le temps que les François s'emparerent des Gaules. Ceux d'Autun, ceux de Marseille & de la Gaule Narbonnoise étoient à la verité Romains, dans le temps de l'irruption des Goths dans ces Provinces, qui avoit précedé celle des François dans le reste des Gaules: parce que ceux d'Autun, de Marseille & de la Gaule Narbonnoise étoient confederez des Romains, qui leur avoient accordé le droit de Cité: & c'est pour cette raison qu'ils vivoient suivant les Loix Romaines, & que les Gots les leur laisserent. Mais à l'égard des autres parties des Gaules il n'en étoit pas de même, & bien que les Romains les eussent conquises, il ne s'ensuit pas de là que les Peuples fussent tous libres, & qu'ils fussent tous Romains: parce que les Romains ne donnoient pas le droit de Cité à tous les Peuples qu'ils subjuguoient;

Il n'y avoit que les Habitans de quelques Villes, ausquels ils accordoient ce privilege, & bien qu'il laissassent en liberté les Habitans de quelques autres Villes, la plus grande partie du peuple subjugué, & particulierement ceux de la campagne, demeuroient serfs, & si les Vainqueurs les laissoient en la possession de leurs terres, c'étoit à la charge de leur en payer une redevance, soit en fruits, soit en deniers, & quelquefois ils donnoient ces biens à d'autres aux mêmes charges : & les uns & les autres étoient tellement attachez aux terres que les Romains leur avoient laissées, qu'ils ne pouvoient, ni même leur posterité, les abandonner, & ils étoient toûjours tenus de les cultiver à la charge de la redevance. Les gens de cette condition s'appelloient, *Agricolæ*, *Censiti*, *Coloni*, *servi adscriptitii glebæ*, *servi tributarii*, *Inquilini de quibus titulus*, *C. de Agric. & Censit. & Colon.*

Et il ne faut point douter que quand les François s'emparerent des Gaules, ils trouverent plusieurs personnes de cette condition, & qu'ils laisserent les choses en cet état, à la charge que les redevances seroient payées aux Ducs & aux Comtes des Provinces, qui en rendoient compte au fisque de nos Rois, comme nous apprenons de Gregoire de Tours *lib. 6. cap. 22. lib. 7. cap. 23. & lib. 10. cap. 21.* & de la Formule 8. du livre premier de Marculfe, d'où vient que dans la Loy Ripuaire du Roy Dagobert de l'an 630. *cap. 51. & 52.* le Comte est appellé *Judex fiscativus*. La même chose se pratiquoit chez les Goths, comme nous voyons dans la Formule 21. du livre 6. de Cassiodore pour les Gouverneurs des Provinces, *Tibi fiscalium tributorum credita monstratur exactio*, dit cette Formule : sur quoy il faut voir le docte Monsieur Bignon sur ladite Formule 8. du livre 1. de Marculfe.

Il y a lieu de croire que quand les Ducs & les Comtes furent devenus hereditaires, ils s'appliquerent toutes ces redevances, sans en rendre aucun compte, & que leurs Vassaux de degré en degré en usoient de la même maniere : mais il ne s'ensuit pas de là qu'ils ayent asservi les détenteurs de ces heritages, parce qu'ils l'étoient déja, comme il y en a encore en quelques Coûtumes de Mainmorte : & ces Coûtumes sont tellement semblables à ce qui se pratiquoit chez les Romains à l'égard des gens de cette condition, que l'on ne peut douter que l'origine n'en vienne des Romains. C'est le sentiment de Loiseau dans son

son Traité des Seigneuries en general chap. 1. nomb. 54. & suivans, & dans son Traité des Ordres de Noblesse en general, chap. 4. nomb. 30. & je le démontreray sur les Rubriques du titre des Fiefs, & sur la Rubrique du titre des Censives, que j'ay jointes ensemble dans ma Conference, pour les raisons que j'en apporteray. Je ne disconviens pas neanmoins que les Ducs & Comtes, & les autres Seigneurs au dessous d'eux, qui étoient obligez à de grandes dépenses pour soûtenir l'éclat de leur dignité, & pour faire la guerre en cas de besoin, se mirent en possession, quand ils furent devenus hereditaires, d'imposer des Tailles sur leurs gens de condition servile, comme il se pratique encore en quelques Coûtumes de Mainmorte; mais cela suppose que ces gens-là étoient déja de condition servile. Nous ne voyons rien de semblable dans le Droit Romain.

Je suis donc persuadé que quand Hugues Capet parvint à la Couronne, outre les gens de Mainmorte & de condition servile, il y avoit dans les Duchez & Comtez plusieurs personnes libres; & entre ces personnes libres il y en avoit de Nobles, qui tenoient leurs Fiefs, & étoient obligez d'accompagner leurs Seigneurs à la guerre, & des Roturiers qui tenoient des terres libres & allodiales, ou tenuës en Censive, sans être obligez d'y resider & de les cultiver par eux-mêmes, & qui étoient Marchands, ou Artisans. Et les Roturiers mêmes dans ces temps-là n'étoient pas incapables de posseder des Fiefs, pourvû qu'ils fussent libres & qu'ils rendissent les services dont les possesseurs de ces heritages étoient tenus. Et il n'y a point d'apparence que Hugues Capet dans son nouvel établissement à la Royauté, à laquelle il fut élû par l'assemblée des Etats tenus à Noyon, ait asservi toutes les personnes libres dans les terres qu'il se reserva pour relever immediatement de la Couronne, c'eût été tout gâter, & aliener par cette ingratitude & cette dureté les cœurs & les esprits des personnes libres, & les détourner de se soûmettre à sa domination: C'est dans un nouvel établissement qu'il faut gagner les cœurs & les esprits des Peuples par la douceur; & il n'y a pas d'apparence de croire que les Ducs & Comtes, & les autres Seigneurs au-dessous d'eux en ayent usé d'une autre maniere: & s'ils n'en avoient pas usé comme le Roy, les Peuples ne se seroient-ils point revoltez, & n'auroient-ils point eu recours à l'autorité Royale?

Ces Auteurs ne prétendent pas seulement prouver l'asservissement

vissement de la plus grande partie de la campagne, par la tyrannie des Grands, mais encore parce que plusieurs païsans se trouverent obligez de se donner eux-mêmes aux Seigneurs qui avoient des Châteaux & des lieux de retraite, pour se mettre à couvert du pillage des gens de guerre, & pour racheter leurs vies sur le declin de la seconde Race, dans lequel temps il y eut des famines violentes; que l'excés de la devotion fit même beaucoup de serfs, plusieurs personnes sacrifians leur liberté, en se donnant aux Eglises avec toute leur famille : & que plusieurs furent aussi reduits en servitude, pour n'avoir pas été à la guerre dans le temps qui leur avoit été ordonné. Et ces Auteurs nous renvoyent pour prouver ces deux faits à Messire Philippes de Beaumanoir, dans ses Coûtumes de Beauvoisis chap. 45. *Et ad polypticum Monasterii Fossatensis*, qui a été donné au public par M. Baluze. Ils pouvoient encore ajoûter que Beaumanoir dit que les servitudes ont été quelquefois encouruës pour avoir fuï dans le combat, ou pour avoir été prisonniers de guerre, quelques-uns se rachetans de la prison, en se soumettant au joug de la servitude.

Enfin ces Auteurs pretendent prouver que nos peres étoient de condition servile, par le grand nombre de manumissions & d'affranchissemens qui se trouvent sous la troisiéme race de nos Rois, par lesquels les Seigneurs donnoient des Coûtumes aux affranchis, dont plusieurs Coûtumes locales tirent leur origine. Et que les Chartes des Communes que les Rois de la troisiéme race accordoient aux Villes qui leur appartenoient, & même à celles qui appartenoient aux Seigneurs, sont encore une preuve de la servitude de nos peres.

Mais il me semble qu'à l'égard de ceux qui se retiroient sous les Châteaux & les forteresses des Seigneurs, pour se garantir des gens de de guerre, les Seigneurs s'en servoient pour la défense de leurs Châteaux, & leur faisoient prendre les armes, dont neanmoins les gens de condition servile étoient incapables, & par consequent il faut dire que ces gens-là étoient libres.

Quant à ceux qui ont pû racheter leur vie de la famine aux dépens de leur liberté, il ne peut y en avoir eu qu'un petit nombre, parce que s'ils avoient été en grand nombre, les Seigneurs n'auroient pû fournir du pain à eux tous.

Et si nous voyons des exemples de quelques-uns qui ont prodigué leur liberté pour ce sujet, c'est sous la premiere ou fous la feconde race de nos Rois. Il y en a un exemple dans la 18. Formule du Livre 2. de Marculfe, qui eft d'un homme qui avoit encouru la peine de la mort, & qui avoit été racheté par celui auquel il engage fa liberté. Il y en a un autre exemple dans la formule 10. du Pere Sirmond, qui eft d'un homme qui vend fa liberté pour de l'argent. La 135. Formule de Lindenbroge, eft femblable à la 18. Formule du Livre 2. de Marculfe, & la 134. à la 10. Formule du Pere Sirmond. Et à l'égard de la 136. Formule de Lindenbroge, elle eft veritablement dans le cas d'un homme qui étoit reduit à la derniere pauvreté, mais c'eft l'unique. Je ne nie pas neanmoins qu'il n'y en ait eu encore d'autres qui aient engagé leur liberté pour avoir du pain, comme il paroift par le chap. 34. *Edicti Piftenfis*, dont il a été fait mention cy deffus ; mais par le même chap. il leur étoit permis de racheter leur liberté. Et même le Roy Dagobert II. par le Capitulaire intitulé, *Incipit lex Bajuvariorum. tit. 6. capitulo* 3. avoit défendu à peine de mort, d'affervir un homme libre.

L'excés de la devotion ne peut auffi avoir fait beaucoup de ferfs : cela fe terminoit apparemment à quelques femmes. Nous voyons bien *in Polyptico Monafterii Foffatenfis*, que ce Monaftere avoit *plures Manfos ingenuiles & ferviles* : mais les colons de ces habitations ne s'étoient pas donnez à ces Monafteres. L'on y voit feulement deux femmes qui engagerent leur liberté à ce Monaftere, Ingelburge, à la charge que les Moines ne la vendroient, & ne la donneroient point à d'autres, & Hifenburge avant qu'elle fût mariée. Et cette Charte n'eft point du temps de la troifiéme race, mais du commencement de la feconde, étant de la deuxiéme année du regne du Roy Pepin.

On ne peut pas douter que ceux qui ont été reduits en fervitude pour n'avoir pas été à la guerre dans le temps qu'il leur avoit été ordonné, ont été en tres-petit nombre, auffi bien que ceux qui avoient fuï dans le combat, ou qui avoient été faits prifonniers de guerre. La liberté eft une chofe fi precieufe, qu'il n'y a point d'apparence qu'un grand nombre d'hommes y ait renoncé par ces lâches moyens. Et fi tous les hommes libres n'avoient pas été à la guerre, fi tous s'en étoient fuïs d'une bataille, fi tous fe fuffent rachetez de la prifon aux dépens de leur liberté, où auroit-on dans la fuite trouvé des foldats, puifque les ferfs étoient incapables de porter les armes ?

En un mot, tous ces faits prouvent bien (supposé qu'ils soient veritables) que les hommes libres devenoient serfs par ces moyens, mais ils prouvent en même temps qu'il y avoit beaucoup d'hommes libres.

Le grand nombre de serfs qui se sont trouvez sous la troisiéme race, les manumissions frequentes qui se sont faites dans ce temps-là, & les Lettres de Communes accordées à quelques Villes par les premiers Rois de cette race, & même par les Seigneurs, ne sont pas suffisans pour prouver que toute la campagne tomba en main-morte sous le commencement de la troisiéme race de nos Rois. Il est constant qu'il y avoit aussi un tres-grand nombre de serfs sous la premiere & la seconde race, & qu'il y a dans les Capitulaires une tres-grande quantité de Constitutions au sujet des serfs & des gens de main-morte. Le *Polypticus Monasterii Fossatensis* nous montre combien dés ce temps-là les Eglises & les Monasteres possedoient de gens de cette condition. Nous voyons plusieurs Formules de Manumissions dans Marculfe, dans le Pere Sirmond, dans Lindenbroge, qui sont toutes du temps de la premiere, ou de la seconde race. Les serfs & les gens de main-morte qui appartenoient au Roy, s'appelloient *servi coloni fiscales, aut fiscalini.*

Nous voyons dans le Testament de Saint Remy Evêque de Rheims, qu'ayant institué son Eglise, & Loup Evêque son neveu pour heritiers, il legue par preciput à son Eglise plusieurs colons avec les terres qu'ils faisoient valoir; qu'il legue la liberté à plusieurs autres serfs & serves. Nous voyons pareillement dans le Testament de Bertram, qu'il legue la liberté à plusieurs. Ardoüin legue à l'Eglise du Mans & à l'Eglise de Saint Victeur, des terres avec les serfs & les colons, à la reserve de ceux ausquels il a donné la liberté pour le remede de son ame.

Et il est sur tout à observer que quand Dieu avoit donné un fils au Roy, il avoit de coûtume d'ordonner qu'il seroit affranchi dans toutes les terres de son Domaine, trois serfs ou colons, tant de l'un que de l'autre sexe, dont il y a une Formule dans Marculfe, qui est la penultiéme du Livre premier; & il y a au Livre 2. une Formule de l'affranchissement qui se faisoit en consequence.

Et comme ces gens-là multiplioient beaucoup, parce qu'ils se marioient, qu'ils n'alloient point à la guerre, & qu'ils ne pouvoient être ni Clercs ni Moines que du consentement de leurs Seigneurs, il ne faut pas s'étonner s'il s'en trouva un si grand nombre au commencement de la troisiéme race de nos Rois : & il ne s'ensuit pas de là que les autres personnes libres aient été asservies dans ce temps-là.

Les Lettres de Communes que nos Rois & les autres Seigneurs accorderent à quelques autres Villes, ne nous convainquent point que toute la France soit devenuë main-mortable dans le commencement de la troisiéme race de nos Rois, parce que ces droits de Communes n'étoient pas pour les Nobles & pour les autres personnes libres, mais seulement pour les gens de condition servile, que je ne disconviens pas avoir été en grand nombre. Le Roy Charles VII. la premiere année de son regne qui fut en l'année 1423. donna des Lettres de Communes aux Habitans d'Yssoudun, & les affranchit; mais elles portent que dans le Châtel & Ville d'Yssoudun, sont plusieurs hommes & femmes demeurans, dont les aucuns sont nobles, les autres Clercs ou privilegiez ; de sorte qu'on ne peut pas dire que le droit de Communes ait été donné à ces gens-là, mais seulement à ceux qui étoient de condition servile. Cette Charte est rapportée par M. de la Thaumassiere, pages 354. & 355. Il est vray qu'il y avoit cela de malheureux dans plusieurs Seigneuries, que quand un homme libre avoit demeuré par an & jour dans un païs de main-morte, il devenoit mainmortable. C'est pourquoy nos Rois ou les Seigneurs accordoient à quelques Villes qui étoient en proximité, des Lettres de Communes & de Bourgeoisie où les hommes libres pussent se retirer: mais il n'en faut pas conclure que les Habitans de toutes les autres Villes fussent de condition servile, nous n'en avons aucun vestige dans la Ville du Mans; & le Roy Loüis XI. leur accorda bien une Commune, c'est à dire un Hôtel de Ville & des Echevins, mais il ne les affranchit pas, parce qu'ils n'en avoient pas besoin, bien que neanmoins il y ait eu autrefois des gens de main-morte à la campagne dans la Province du Maine, comme nous apprenons des Testamens de S. Bertram & de S. Ardoüin.

Je ne peus donc me persuader que l'origine de nos Coûtumes, vienne des affranchissemens que les Seigneurs donnoient à leurs colons, & autres gens de condition servile. M. de la Thaumassiere dans ses Coût. locales de Berry & de

Lorris, en rapporte un grand nombre de Chartes, que j'ay toutes lûës : & bien qu'elles s'appellent Coûtumes, toutefois ce ne sont pour la plus grande partie que des droits que les Seigneurs retiennent sur les peuples qu'ils affranchissent. C'est ainsi que dans la Coûtume du Maine les droits de levage des denrées venduës, dans lesquels les Seigneurs bas Justiciers sont fondez, & qui sont abrogez par le non usage, s'appellent Coûtumes art. 10. & que les droits de peages des denrées qui passent par le corps ou les brancheres d'une Châtelenie, & dans la possession desquels les Seigneurs Châtelains se sont maintenus, s'appellent pareillement Coûtumes, art. 57. 58. 59. 60. 61. 62. 64. 67. & 68. Et c'est pour cette raison que les Roturiers s'appellent Coûtumiers par la même Coûtume, parce qu'il n'y a qu'eux qui soient sujets à ces droits. Et il y a de l'apparence que les Roturiers, quoyque libres, étoient sujets à ces droits, avant ces affranchissemens, & à d'autres droits qui se levoient sur les marchandises venduës dans les lieux de ces affranchissemens.

Il est vray que dans quelques-unes de ces Coûtumes il y est disposé des successions des affranchis, du Doüaire des femmes : il est mesme statué du Retrait lignager dans la Coût. de Ville-Franche, & dans celle de Saint Palais. Mais premierement à l'égard des successions, les Seigneurs ne les reglerent, que parce qu'ils renonçoient à la main-morte & à la succession de leurs hommes qu'ils affranchissoient, & parce qu'ils se reservoient le droit de desherence. Secondement, il y a lieu de croire qu'il ne fut statué en toutes ces choses, que suivant la Coût. generale qui étoit établie dans la Province : parce qu'on ne peut douter qu'il falloit qu'il y eût des Coût. pour les personnes libres, ou tout au moins pour les Nobles.

Et pour marquer qu'il y avoit d'autres Coût. que celles qui ont esté accordées par les Seigneurs à leurs affranchis, c'est qu'il y a un article dans les Coût. accordées aux Habitans de la Perouse en 1260. & 1275. par Elie & Roger de Broce, en ces termes : *Totes les choses que hom ne trouveraet etraites en la Charte ou en Livre des Usages de la Paerose, devent estre accordées & ordenées, ou jugées par le Segnor & par les Cossors.*

Ce qui prouve qu'il y avoit encore d'autres droits, même tirez des Loix Romaines, & du droit Canonique dont on se servoit dans les lieux de ces Coûtumes locales, est l'affranchisſement des Habitans des Paroiſſes de Gornay & de Buſſiere, qui leur fut accordé en 1278. par Itherius de Mengnac, & Agnés ſa femme, par lequel ils renoncent *Exceptioni non numeratæ pecuniæ, & omni privilegio Crucis ſumptæ & ſumendæ, & omnibus privilegiis, gratiis, indulgentiis in favorem Crucis ſignatorum & Crucis ſignandorum indultis & de cætero indulgendis, tam à Romano Pontifice, quàm à lege, & quàm alio Pontifice, ſeu judice qualicumque, & exceptioni deceptionis ultra medium, & omni Juri tam Canonico, quàm Civili, & exceptioni doli mali fori, omni Juri & conſuetudini Patriæ, ſive loci, Romani Juris auxilio, & beneficio in favorem deceptorum, & in odium decipientium introducto & introducendo.*

Guy, Archevêque de Bourges, & Pierre de Saint Palais, firent auſſi cette renonciation, par l'affranchiſſement qu'ils accorderent en 1279. aux Habitans de Saint Palais, *omni uſui, conſuetudini cujuſlibet patriæ & ſtatuto.*

Guillaume V. du nom, Seigneur de Linieres, & Jeanne ſa femme, firent une ſemblable renonciation, par les Privileges qu'ils accorderent aux Habitans de Linieres en ces termes : *Et ego prædicta Joanna domina de Lineriis ſpontanea & provida præmiſſa ratifico, & concedo, quòd contra non veniam in futurum, & renuntiamus nos & dicta Joanna uxor noſtra, quantùm ad omnia ſingula ſupra prædicta, petitioni libelli præſentis copiæ inſtrumenti, exceptioni doli, metus & in factum, privilegio Cruce ſignatis & Cruce ſignandis indulto & indulgendo à ſummo Pontifice, vel gerente vices ipſius, conſuetudini & ſtatutis loci vel Patriæ, beneficio Velleiani, Juris dotalitii ſive dotis, Juri hypothecarum, & omnibus aliis exceptionibus, gratiis, indulgentiis, cavillationibus, allegationibus, rationibus, & defenſionibus nobis & dictæ Joannæ uxori noſtræ, & ſucceſſoribus noſtris competentibus & competituris.*

Il eſt aiſé de juger par cette renonciation, *omni Juri & conſuetudini & ſtatutis Patriæ ſive Loci*; & par cette autre, *omni uſui, conſuetudini cujuſlibet Patriæ, & ſtatuto*; & encore par cette autre, *conſuetudini & ſtatutis Loci vel Patriæ*; qu'il y avoit d'autres Coûtumes generales dans le païs; & que ces renonciations n'ont été faites que par l'avis de quelques Juriſconſultes ſçavans non ſeulement dans les Coûtumes du païs, mais encore dans le Droit Romain, & même dans le Droit Canonique: de ſorte qu'on ne peut pas dire que l'ignorance de ces temps-là ait donné lieu au changement des Loix, mais qu'on la doit attribuer en partie à l'ignorance des siecles precedens.

On peut encore apporter pour preuve du sentiment que je soutiens, un article des Affranchissemens, Coûtumes & Privileges accordez aux Habitans de Châteauneuf sur Cher, par René de Culant & Pierre de Saint Palais, en Octobre 1258. confirmez par le Roy S. Loüis en Novembre 1265. lequel article est conçû en ces termes : *Item si aliquis vir vel uxor aliqua bona nomine dotis, sive Osclii de bonis uxoris, vel Mariti præmortuorum teneat, illa bona non teneat, nisi quamdiu vixerit, & post ejus decessum ad illos deveniant, ad quos debent de consuetudine & usu Patriæ devenire.*

Et ce qui me paroît encore le plus fort, c'est qu'Aimoin au Liv. 5. de son Histoire ch. 48. dit que Foulque Rhechin ayant cedé le Gâtinois au Roy Philipppes I. *Juravit se servaturum consuetudines terræ illius, aliter enim nolebant milites ei facere hominia sua.*

Pour dire donc ma pensée sur le changement des Loix qui est arrivé en nôtre France Coûtumiere, j'estime que ce changement n'est pas seulement arrivé sous la troisiémo Race de nos Rois, mais même qu'il est arrivé sous la seconde Race, sur le declin de laquelle les Ducs & Comtes, & les autres Seigneurs de moindre dignité se maintinrent dans la possession des Seigneuries, qu'ils ne possedoient auparavant que pour un temps, ou tout au plus pendant leur vie, & même comme de simples Offices, & les firent passer par droit hereditaire à leur posterité. M. de la Thaumassiere dans sa Coûtume locale de Lorris & de Berry, rapporte une Charte fort curieuse de l'an 984. sous le Regne de Lothaire, penultiéme Roy de la seconde Race, par laquelle Emmeno & Fulcho son fils, se qualifient *misericordiâ Dei principatum Auxcliodunî Castri tenentes* (c'est Yssoudun) & ils donnent à l'Abbaye de Sainte Marie d'Yssoudun, toutes les Coûtumes de leurs hommes dans le Bourg de S. Martin, sis hors les murs d'Yssoudun, c'est à dire, tous les droits que ces Seigneurs avoient de coûtume de prendre sur eux, & quelques autres droits aux Moines de Saint Martin.

Et comme les Rois de la premiere Race, & ceux de la seconde dans le commencement, tenoient non seulement des assemblées d'Etats, qu'ils appelloient *Malla publica*, dans lesquels se sont faits les Capitulaires, mais encore *placita gene-*

ralia, où ils rendoient la justice à leurs peuples, comme nous le voyons dans les mesmes Capitulaires, & dans la 25. Formule du Liv. premier de Marculfe, sur laquelle il faut voir la note de Monsieur Bignon, à quoy se rapporte le Capitulaire 6. de l'an 803. cy-dessus cité. Les Ducs & Comtes étoient pareillement obligez de tenir de ces assemblées publiques, *Malla publica*, dans leurs Provinces pour rendre la justice aux peuples ; & nous voyons dans les mêmes Capitulaires donnez au public par M. Baluze, tome 1. p. 249. & 250. une Commission donnée par Charles-Magne, *Trutmanno viro illustri*, qu'il envoya Comte dans la Saxe, qui nous indique de quelle maniere les Comtes en devoient user pour rendre la justice. Les Comtes étoient encore obligez de tenir leurs plaits, *placita*, tous les mois : & même les Rois envoyoient des Commissaires, qui sont appellez dans les Capitulaires, *Missi dominici*, lesquels tenoient aussi leurs plaits avec les Comtes quatre fois l'an, comme on voit *in Capitulari anni* 812. qui a été nouvellement mis en lumiere par le même M. Baluze, & qu'il a tiré de deux Manuscrits, le premier de la Bibliotheque Vaticane, le second, de la Bibliotheque de S. Vincent de Mets. La même Ordonnance se trouve *lib.* 3. *Capitul. capitulo* 83.

Et j'ay remarqué que dans le second Capitulaire de l'année 802. Charles-Magne faisant le département *Missorum Dominicorum*, il est porté, *In Cenomanico, Hoxonensi, Livino, Bajocassino, Constantino, Abricantino, Ebrecino, & Madricinsi, & de illa parte Sequanæ, Rodomensi, Magenardus Episcopus, & Madelgaudus*, c'étoient les deux Envoyez. Et dans le premier Capitulaire de Charles le Chauve de l'année 854. on lit, *Dodo Episcopus, Hrotbertus, & Osbertus, Missi in Cinnomanico, Andegavensi, atque Turonico, Carboniso & Sagiso*. Ce qui fait connoître que le Maine étant mis au premier rang de ces départemens, même avant l'Anjou & la Touraine, n'étoit pas une des Provinces les moins considerables de ce temps-là.

Il y a de l'apparence qu'à l'égard des affaires qui se jugeoient *in Mallo*, c'étoient celles qui étoient de plus grande importance, & particulierement celles esquelles il s'agissoit de l'interest de la Province, ou mesme de tout le Royaume ; & qu'à l'égard des affaires qui se jugeoient dans les plaits, c'étoient celles de la moindre importance ; & neanmoins *Edictum Pistense* fut fait par Charles le Chauve *in placito*, bien qu'il contienne

tienne plusieurs Ordonnances qui concernoient l'interest de l'Etat, *Missi Dominici*, tenoient leurs plaits quatre fois l'an avec les Comtes, pour les obliger d'être davantage dans le devoir, & entendre les plaintes de ceux ausquels les Comtes n'avoient pas rendu justice dans les autres plaits, qu'ils tenoient eux seuls.

C'est pourquoy je me persuade que quand les Duchez & Comtez furent devenus hereditaires, les Ducs & les Comtes n'oublierent pas de tenir des assemblées d'Etats, qui s'appelloient *Malla*, où ils regloient les affaires les plus importantes de leurs Provinces; & qu'ils tenoient aussi des plaits, ou du moins qu'ils les faisoient tenir par leurs Baillis & Senéchaux, où les affaires de moindre importance étoient reglées & jugées: & je ne doute point que ce n'ait été dans ces assemblées d'Etats; qu'ils firent plusieurs Coûtumes, lesquelles ils reformoient de temps en temps, quand ils trouvoient des inconveniens dans les anciennes: & il y a de l'apparence qu'ils commencerent par les Fiefs, pour en regler les droits & la succession, parce qu'ils ne sont devenus hereditaires que sur le declin de la seconde Race de nos Rois.

C'est pour cette raison que nous voyons que la plus grande partie des Assises de Jerusalem qui furent faites en 1089. cent douze ans aprés que le Roy Hugues Capet fût parvenu à la Couronne, ne concerne que les Fiefs.

Et ce qui prouve qu'il y avoit des Coûtumes en France long-tems avant les Assises de Jerusalem, c'est qu'il paroît par les Chapitres 294. & 295. de ces Assises, qu'elles avoient été tirées des Coûtumes & Usages de la France: Et Messire Jean d'Ibelin disant dans le chap. 3. que les Rois de Jerusalem envoyerent souvent en diverses parties du Monde pour en savoir les usages, afin de reformer ces Assises, & pour y ajoûter ou retrancher quelque chose; il ne faut point douter que ce fût particulierement en France, qu'ils envoyerent. Dont il faut conclure qu'il y avoit déja depuis long-tems des Coûtumes en France, ce qui n'avoit pû se faire que dans les Assemblées d'Etats des Provinces, n'y ayant pas d'apparence que si les Seigneurs eussent réduit leurs Sujets dans la servitude au commencement du Regne du Hugues Capet, ils les eussent si-tôt affranchis; joint que toutes les Coûtumes locales de Berry & de Lorris données au Public par M. de la Thaumassiere sont beaucoup posterieures aux Assises de Jerusalem.

L'on peut opposer que la plus grande partie des Assises de Jerusalem ne concernant que les Fiefs, l'on en doit induire que ces Coûtumes ne regardoient que les Seigneurs, & non les Roturiers, ce qui prouve qu'ils n'avoient point besoin de Coûtumes, parce qu'ils étoient serfs.

Je répond que cette consequence n'est pas bonne : parce qu'il faut observer que les Assises du Royaume de Jerusalem contenoient deux parties : la premiere étoit de la haute Cour, la seconde étoit de la basse Cour, ou de la Cour de Bourgeoisie. Le Roy étoit le Chef de la premiere Cour, qui jugeoit avec les Chevaliers : & le Chef de la seconde Cour étoit appellé Viscomte, qui jugeoit avec les plus loyaux & les plus sages de la Cité, comme il est porté par le chapitre 2. Ces deux Assises étoient en deux Chartes differentes, comme il est porté par le chapitre 4. & ces Bourgeois étoient pour la plus grande partie François, & non pas les Naturels du Païs, qui étoient Syriens : parce qu'il est porté par le même chapitre 4. que les Syriens requirent le Roy, qu'il leur fût permis de vivre suivant leurs usages, & qu'il leur fût donné un Juge, ce que le Roy leur accorda, & ce Juge s'apelloit Rais.

Et comme il est tres-vraisemblable que les Peuples de la France Coûtumiere se lasserent enfin de vivre sous des Loix differentes, parce que cela étoit tres-incommode, pouvant arriver que quand un Romain avoit contracté avec un François, le Romain prétendît que les obligations & les actions qui provenoient du Contrat, devoient se regler par le Droit Romain, & qu'au contraire le François prétendît qu'elles devoient se regler par la Loy Salique : De sorte qu'il semble que les Romains ne pouvoient contracter qu'avec les Romains, & les François qu'avec les François, & qu'il y avoit même de l'inconvenient que les Romains contractassent alliance avec les François. C'est pourquoy, selon toutes les apparences, l'un & l'autre Peuple, pour se délivrer de cette incommodité & d'une si grande gesne, se relâcherent peu à peu de l'observation de leurs Loix. Les Romains ne voulurent pas s'assujettir entierement à la Loy Salique, ni les François à la Loy Romaine ; mais ils s'acommoderent à des Usages, qui participoient en quelque maniere de l'une & de l'autre Loy, & de quelques autres Loix, & particulierement de la Loy Ripuaire. Et l'on doit être persuadé qu'il entra dans ces Coûtumes beaucoup d'Usages du Païs, suivant lesquels vivoient les Naturels de chaque Province. Et ce fut dans ces Assemblées d'Etats *in mallis, in placitis*, que ces Peuples convinrent de ces Coûtumes: de sorte que le commerce devint plus facile entre les Romains & les François, qu'ils s'allierent ensemble, & ne firent plus qu'un Peuple, qui fut appellé du nom de François: parce que cette Nation étoit beaucoup plus nombreuse que la Romaine. Et il n'est pas possible de se figurer que les Peuples ayent si aisément renoncé à leurs Loix, dont ils sont extrêmement jaloux, & se soient soûmis à des Loix nouvelles, sans une convention faite entre eux dans des Assemblées d'Etats autorisées par le Prince, c'est-à-dire, par les Ducs & par les Comtes de chaque Province.

L'on peut dire veritablement, que l'ignorance de ce tems-là (c'est-à-dire sur le declin de la seconde Race de nos Rois, & non pas dans le tems des affranchissemens faits sous la troisiéme Race) ne contribua pas peu au changement des Loix: de sorte qu'apparemment l'étude du Doit Romain étoit negligée, ou pour mieux dire, il avoit été presque mis en oubli. De sorte qn'en l'année 942. du tems de Loüis IV. dit d'Outre-mer, la question s'étant mûë en Allemagne, si les petits-enfans succedoient à leur Ayeul, au lieu & place de leur Pere avec leurs Oncles, & les Jurisconsultes de ce tems-là ne s'étans pû accorder, l'Empereur Othon premier, surnommé le Grand, ordonna, suivant l'usage de ce tems-là dans les choses douteuses, que la question seroit decidée par le duel, qui fut favorable aux petits-enfans, au rapport du Moine Sigebert dans sa Chonique, bien que la chose soit clairement decidée en faveur des petits-enfans dans les Regles du Jurisconsulte Ulpien, *tit. de legitim. heredib.* qui avoient été annexées au Code Theodosien par l'ordre du Roy Theodoric.

Presque toutes les Coûtumes de France ont suivi cette disposition. Mais comme la Loy Salique en a une contraire, *tit. 62. capitulo 6.* quelques Coûtumes l'ont retenuë, comme l'Artois, le Boulenois, Ponthieu, Channy, Haynault, Lilers, la Sale de l'Isle: bien que le Roy Childebert II. eût fait un Edit en l'année 595. qui est au Recüeil de M. Baluze tome 1. page 17. & 18. par le chap. 1. duquel il avoit ordonné que les enfans des fils & des filles succederoient à leur Ayeul avec leurs Oncles & Tantes. Mais il faut demeurer d'accord que cet Edit ne fut point reçû pour Loy dans le Royaume, ce qui se peut prouver par quelques Formules de Marculfe, du Pere Sirmond & de Lindenbroge. Et cela est si vrai, que nonobstant cet Edit Loüis le Debonnaire second fils de Charles Magne succeda à tous ses Etats, à l'exclusion de Bernard fils de défunt Pepin Roy d'Italie, qui étoit le fils aîné du même Charles Magne : Mais aussi ce Childebert n'étoit point Roy de Paris, mais Roy de Mets & d'Austrasie, & il étoit fils de Sigibert aussi Roy de Mets & d'Austrasie, lequel étoit quatriéme fils de Clotaire premier, second fils du grand Clovis: & M. Ricard qui fait ce Childebet II. Roy de Paris, dans son Traité de la Representation chap. 2. nomb. 22. s'est trompé, l'ayant confondu avec Childebert I. fils aîné du grand Clovis.

Ce fut la dureté de la Coûtume d'Artois qui fit adjuger par le Roy Philippes le Bel la succession du Comté d'Artois à Mathilde fille de Robert Comte d'Artois frere de saint Loüis, femme d'Othon premier Comte de Bourgogne, au préjudice de Robert fils de Philippe & petit-fils du défunt Comte Robert. Quelques autres anciennes Coûtumes avoient la même dureté, comme Montfort-l'Amaulry, Mante & Meullan, Vallois, Senlis, Clermont, Troye, Chaulmont en Bassigny, les Coûtumes de Vermandois, Amiens, Peronne, Sens, Melun, Meaux, Auxerre, Vitry en Partois, Lorris, Dourdan, Chasteauneuf en Thimeraye, Chartres, Blois.

Il paroît assez par ce qui a été observé ci-dessus, que les Coûtumes ne se sont pas formées tout d'un coup : & même il ne faut point douter que les Ducs & les Comtes dans les Assemblées de leurs Etats, qu'ils tenoient de tems en tems, ne fissent de nouvelles Coûtumes & ne reformassent les anciennes, en y adjoûtant, ou diminuant. On peut attribuer ce changement à plusieurs causes ; premierement aux inconveniens qui se trouvoient dans les anciennes Coûtumes, secondement à l'invention du Droit Civil qui fut faite dans la Ville de Melphe sous l'Empire de Lothaire II. comme il a été ci-dessus observé : de sorte qu'il s'en répandit depuis plusieurs copies dans le Royaume, & que ce Droit commença à être enseigné dans les Ecoles ; c'est pourquoy l'on n'eut pas de peine à en admettre plusieurs decisions : parce qu'elles étoient beaucoup plus judicieuses & plus justes, que celles des anciennes Coûtumes. Troisiémement aux Canons & aux Decretales des Papes. Quatriémement aux Ordonnances de nos Rois. Ciuquiémement aux Arrests du Parlement.

Ce qui peut appuier cette conjecture, c'est la concordance que nous voyons à la fin de plusieurs Etablissemens de saint Loüis avec les Loix Romaines & les Decretales. Cette conjecture se confirme encore par un ancien Coûtumier des Païs d'Anjou & du Maine, dont Monsieur Servin fait mention dans son second Plaidoyé, qui porte pour titre, *Ce sont les Coûtumes d'Anjou & du Maine intitulées suivant les Rubriques du Code, dont les aucunes sont concordées de Droit Ecrit.* Et effectivement Monsieur Servin rapporte qu'il est statué au sixiéme Livre tit. des Testamens de ce Coûtumier, que *Pupilles, ne Mineurs ne peuvent faire Testament, ne Codicilles, ne aucune chose disposer, ne ordonner de derniere volonté, jusqu'à ce qu'ils soient au quinziéme an de leur âge: car ils n'ont point de discretion auparavant. Concord. §. Praterea instit. Quibus permittitur facere Testamentum.*

Il est entré plusieurs choses tirées desC anons & des Decretales dans nos Coûtumes, particulierement depuis que le Pape *Honorius III.* qui a tenu le saint Siege depuis le 16. Juillet 1216. jusqu'au 18. Mars 1227. (auquel succeda Gregoire IX. Auteur de la compilation des Decretales) par une entreprise sur l'autorité des Rois de France, eût défendu que l'on enseignât le Droit Civil à Paris & és lieux circonvoisins, *cap. super specula. ext. de privileg. & excess. privileg.* auquel neanmoins il semble que le Roy Henry III. se soit conformé par l'article 69. de l'Ordonnance de Blois, par lequel il est défendu à ceux de l'Université de Paris, de lire ou graduer en Droit Civil; mais ce fut apparemment par un trait de Politique : parce que le Regne de Henry III. ayant été traversé par plusieurs guerres civiles, il étoit à craindre que les Factieux fissent soûlever les Ecoliers de Droit, & les attirassent dans leur party. On prétend neanmoins que cet article est conforme aux Reglemens de la Fondation de l'Université de Paris.

Ce qui contribua encore beaucoup à faire entrer dans nos Coûtumes plusieurs choses tirées des Decretales, fut que les Juges d'Eglise, par une entreprise sur la Jurisdiction Laïque, se mirent en possession de connoître de plusieurs affaires, comme des Testamens contenans des legs pieux, des Contrats de mariage, & même de tous les Contrats dans lesquels les Parties s'étoient obligées par serment ainsi que des affaires des Veuves & des Mineurs. Et ce qui fomenta ces entreprises, c'est que non seulement les Ecclesiastiques, mais même plusieurs Laïques pour des differens qui regardoient seulement le temporel, demandoient des Juges aux Papes pour en connoître, qui ne manquoient jamais de deleguer des Gens d'Eglise pour Juges: & même les Rois & les Reines (je ne dis pas de France, mais d'Angleterre) ont eu cette foiblesse. Nous en avons deux illustres exemples, le premier en la personne de Jean Sans-Terre, en faveur duquel le Pape Innocent III. addressa aux Prelats de France un Rescrit qui est le chap. *Novit ille. ext. de Judic.* contre le Roy Philippes Auguste; le second exemple est en la personne de la Reine d'Angleterre, qui étoit dans l'apparence la veuve de Richard premier predecesseur du même Jean Sans-Terre, laquelle prétendant avoir été déposſedée injustement par un Gentilhomme de la Terre & Seigneurie de Segrey sise dans l'Anjou, qui lui avoit été assignée pour doüaire, demanda au même Pape des Juges pour connoître du trouble qui lui avoit été fait, & il délegua pour Juges l'Archevêque, le Doyen & un Archidiacre de Tours: & parce que ce Gentilhomme avoit excipé de la nullité du Rescrit du Pape, & qu'il avoit été obrepticement & subrepticement obtenu, le Pape ayant entendu les repliques de la Reine (qui étoient entre autres choses, qu'elle avoit pû faire assigner celui qui l'avoit dépoüillée de son doüaire devant des Juges Ecclesiastiques, qui sont en droit de défendre les Veuves) renvoya les Parties devant les mêmes Juges, *cap. Ex parte. ext. de foro compet.* C'est ce Pape qui a élevé la puissance Papale à un plus haut point que tous ses Predecesseurs n'avoient fait, & auquel Jean Sans-Terre fit une satisfaction si chere, pour obtenir l'absolution de l'excommunication qu'il avoit fulminée contre lui, & sa protection contre le Roy Philippes Auguste.

On ne peut encore douter, qu'en ce qui regarde les Fiefs, on n'ait pris beaucoup de choses dans l'usage des Fiefs des Lombards: parce que, bien que les Fiefs des Lombards soient moins anciens que les nôtres, toutefois on n'a commencé en France à avoir des regles certaines touchant les Fiefs, que depuis qu'ils sont devenus hereditaires.

Les Etablissemens de sant Loüis nous fournissent une preuve que les Coûtumes ont été faites dans les Assemblées des Etats. Le Sire de Joinville remarquant, qu'il tint Parlement & Etats pour faire ses nouveaux Etablissemens, & qu'il faisoit servir à sa Cour les Seigneurs, Chevaliers & autres en plus grande abondance & plus hautement que ses Predecesseurs n'avoient fait. C'est pourquoi je me persuade aisément que les Ducs & les Comtes de chaque Province ont autrefois tenu des Assises & des Assemblés d'Etats dans leurs Duchez & Comtez, qui ne sont pas venuës jusques à nous, par la negligence de nos Ancestres.

L'on n'en peut pas douter à l'égard des Ducs de Normandie, étant certain que Rollo premier Duc de cette Province fit plusieurs Coûtumes du temps même de Charles le Simple son Beau-pere, & que Guillaume le Bâtard y en adjoûta d'autres, qu'il porta même dans le Royaume d'Angleterre, pour y être observées, & qui étoient en langue vulgaire Normande de ce temps-là, & ont été traduites en langue Françoise par François de Littleton, lequel a été commenté par Edoüard Cok Anglois.

Nous apprenons de M. d'Argentré, que les Ducs de Bretagne ont aussi fait des Coûtumes. Geofroy Duc & Comte de Bretagne ayant assemblé ses Etats en l'année 1185. il fut reglé que la succession ou d'un Baron ou d'un Chevalier appartiendroit entierement à l'aîné de ses enfans, qui par l'avis de ses parens seroit tenu de pourvoir à ses freres & sœurs puînez, suivant l'état & la qualité de sa Maison. Le Duc Jean I. en 1272. changea plusieurs Coûtumes & fit quelques Ordonnances, & convertit le droit de Bail qu'il avoit sur ses Sujets mineurs, en celui de rachat à toutes mutations. Le Duc Jean II. fit quelques modifications sur l'Assise du Comte Geofroy pour la succession des Barons & des Chevaliers, par laquelle les Aînez n'étoient obligez de fournir à leurs Cadets aucune portion déterminée, & le Duc Jean II. la fixa au tiers des Fiefs, sans neanmoins s'expliquer si c'étoit à vie ou à perpetuité.

Je say bien qu'on peut m'opposer qu'on ne doit pas faire comparaison des Ducs & Comtes de nôtre France avec les Ducs de Bretagne : parce que les Ducs de Bretagne n'ont pas tenu leur Duché des Rois de France, comme les autres Ducs & Comtes : Ils ont même pris dans les premiers temps la qualité de Roy, à l'exemple de Conan Meriadec leur premier Prince, auquel le Tyran Maxime donna cette Province, avec la qualité de Roy, pour la tenir de lui dés l'année 387. long-temps avant que les François se fussent emparez des Gaules. Et bien que Charles Magne eût reduit la Bretagne sous sa domination, toutefois elle n'y demeura pas long-temps : les Bretons secoüerent le joug sous le Regne de Loüis le Debonnaire, & ils élûrent des Princes qui prirent ainsi que leurs Successeurs la qualité de Roy jusques à Alain dit Rebré, qui prit tantôt la qualité de Roy, & tantôt la qualité de Souverain Duc des Bretons.

Je ne disconviens pas de cette verité : Mais les Rois de France ne laisserent pas de conserver toûjours une prétention de Souveraineté sur la Bretagne, si bien que, comme il a été observé ci-dessus, Charles le simple donna sa fille Gillette en mariage à Rollo avec la Neustrie & l'hommage de la Bretagne pour dot, à quoy neanmoins les Ducs de Bretagne ne voulurent pas acquiescer. Et depuis le Duc Artur, dont il a été ci-devant fait mention, fit hommage de la Bretagne au Roy Philippe Auguste, ainsi que de toutes les autres Seigneuries assises au Royaume de France, auquel Artur avoit succedé, ensemble au Royaume d'Angleterre par la mort de Richard Roy d'Angleterre son Oncle decedé sans enfans au titre de son testament, cessant lequel on peut dire qu'Artur y eût succedé *ab intestat*, par representation de Geofroy son Pere, frere aîné de Richard. Et depuis Pierre de Dreux, & tous ses Successeurs firent le même hommage aux Rois de France, en consequence de quoy les appellations des Senechaux de Bretagne ressortissoient au Parlement de Paris. Et il ne faut point douter que les Ducs & Comtes des autres Provinces du Royaume, dont quelques-uns n'étoient pas moins puissans, que les Ducs de Bretagne, ne se soient aussi mis en possession, à l'exemple de ces Ducs (ou plûtôt parce que dans leur origine ils tenoient des Assemblées d'Etats appellées *Malla, & placita*) de faire des Loix & des Coûtumes dans ces Assemblées.

Nous en avons déja un exemple dans les Ducs de Normandie. Les anciennes Coûtumes de Champagne nous en fournissent encore un autre exemple, comme on le peut remarquer des articles 19. 20. 22. 36. 43. 61. 63. étant aisé de juger que ce fut dans des Plaits & Assises que les Decisions contenues nuës dans ces articles furent faites : parce qu'il est porté par ces art. que les Jugemens en furent rendus en presence de quelques personnes qui y sont dénommées , & de plusieurs autres , & il est même adjoûté dans quelques articles *à grant fouison.*

Quelquefois ces Jugemens se donnoient sur des contestations qui étoient entre des parties plaidantes,& quelquefois cesCoûtumes s'établissoient sans même qu'il y eût aucun Procés , mais seulement sur la proposition qui en étoit faite par la requeste de quelqu'un,comme on le voit par les art. 53. & 56. La fin de l'art. 53.est conçû en ces termes: *Ce fut raporté à Troyes par le conseil des Maistres tenans les jours,l'an* 1295. *par la bouche de Florens de Royes aux Requestes.* La fin de l'article 56. est conçûë en ces termes : *Ce fut raporté par Florens de Royes aux jours de Troyes , qui furent l'an* 95. Et l'on ne peut pas nier que ces Jours de Troyes ne fussent des Plaits & Assises. Il est même tres-vraisemblable que dans les premiers temps les Comtes présidoient à ces Assises : parce qu'il paroît par quelques-uns de ces articles , que ceux qui avoient la garde ou la Regence du Comté de Champagne , en l'absence des Comtes , y ont présidé , ce qui se voit és articles 5. 13. & 42.

Et c'est pour cette raison que M. P. Pithou , dans son Histoire des Comtes de Champagne & de Brie , expliquant pourquoy les Comtes Champagne ont été appellez Comtes Palatins , dit que c'est parce qu'ils ont eu leurs Parlemens & grands Jours , lesquels ils tenoient en leurs Palais accompagnez de leurs Comtes & Vassaux , comme de leurs Pairs. Lorsqu'il ne s'agissoit que de l'interest de la Noblesse, les Comtes n'appelloient à leurs Assises que les Nobles , comme on le voit en celle que tint Thiebault Comte de Champagne & de Brie l'an 1223. le jour & feste de Noël, par laquelle il regla les successions en ligne directe entre les Aînez & les Puînez mâles de ses Barons & Châtelains. Ce Thiebault IV. du nom & soixante-troisiéme Comte de Champagne & de Brie avoit succedé à Dom Sancho le Fort Roy de Navarre son Oncle maternel , comme il est observé par M. P. Pithou , dans ses Preuves de la Genealogie des Comtes de Champagne pages 794. & 795. & c'est pour cette raison qu'il est qualifié Roi par le titre de cette Assise , sans dire de quel Royaume.

Nous voyons même qu'en l'année 1459, (qui n'est pas un tems

fort éloigné du nôtre) Philippes Duc de Bourgogne fit non seulement rediger de son autorité les Coûtumes du Duché de Bourgogne dans une Assemblée d'Etats de cette Province, mais même qu'il se reserva & à ses Successeurs, par ses Lettres d'approbation, de pouvoir corriger, amender & reformer lesdites Coûtumes toutes fois & quantes qu'il leur plairoit, & qu'il seroit trouvé par eux & les Gens de leur Conseil être expedient & necessaire de faire appeller les trois Etats, pour le bien desdits Païs, & de leurs Sujets. Et bien plus, ce Duc ordonna non seulement que tous les differens, qui aviendroient és Duché de Bourgogne & Comté de Charolois, & terres d'outre Sône au dehors desd. Coûtumes, fussent déterminez & reglez suivant le Droit Ecrit; mais encore que si aucuns cas avenoient, qui ne fussent compris esdites Coûtumes, on y procedât & qu'on y fît suivant la disposition du Droit Ecrit, & que lesdites Coûtumes fussent declarées & interpretées selon le Droit Ecrit, & non autrement. Et je ne doute point que le même Duc ou ses Predecesseurs, ou Successeurs n'ayent aussi fait rediger les Coûtumes des Païs-Bas qui relevent de la Couronne de France.

Mais comme ce qui avoit été statué dans les Assises & Assemblées d'Etats des premiers temps ne pouvoit pas comprendre tous les cas, qui peuvent arriver: quand quelques Parties étoient en Procés devant les Juges du Païs, il est vraisemblable qu'ils en usoient, comme il est porté dans les Loix 12. & 13. au Digeste *de Legib. & Senatusc. & long. Consuet.* dont la premiere est conçûë en ces termes: *Non possunt omnes articuli sigillatim Legibus aut Senatusconsultis comprehendi, sed cùm in aliqua causa sententia eorum manifesta est, is qui jurisdictioni praeest, ad similia procedere, atque ita jus dicere debet.* Voici les termes de la Loy suivante: *Nam, ut ait Pedius, quoties Lege aliquid unum, vel alterum introductum est, bona occasio est cætera quæ tendunt ad eamdem utilitatem, vel interpretatione, vel certè jurisdictione suppleri.*

Et si la question n'avoit aucun rapport avec ce qui avoit été jugé dans les Assises, les Juges s'informoient, si elle avoit été jugée par les autres Juges de la Province, ou si elle avoit été decidée dans les Assises de la Province voisine, pour s'y conformer; ce qui s'est, selon toutes les apparences, pratiqué dans l'Anjou & dans le Maine. Ou bien ils avoient recours au Droit commun de la France. Et c'est sur ce fondement que Messire Philippes de Beaumanoir dit qu'il a composé son Livre des Coûtumes de Beauvoisis : voici comme il parle dans son Prologue : *En tele maniere que nous entendons confermer grant partie de che livre par les Jugemens qui ont été feis en nostre temps en ladite Comté de Clermont : Et l'autre partie par clers Usaiges & par clers Coustumes usées & acoustumées de lonc temps pesiblement ; & l'autre partie des cas douteux en ladite Comté par le Jugement des Chasteleriés voisines ; & l'autre partie par le Droit qui est communs el Roiaume de Franche.* Aussi cet Auteur rapporte-t-il en plusieurs chapitres de son Livre des Sentences des Juges du Païs & des Chastellenies voisines, sur lesquelles les Coûtumes de Beauvoisis sont le plus souvent appuyées.

Et les Juges pour avoir des preuves de ce qui s'étoit jugé par les autres Juges de la Province, ou des Provinces voisines, faisoient des enquestes, ausquelles ils appelloient des Avocats, des Examinateurs & des Procureurs, comme nous voyons dans *les Coûtumes tenuës toutes notoires au Châtelet de Paris*, qui ont été données au Public par Maître Julien Brodeau, & qui sont à la fin de son Commentaire sur la Coûtume de Paris.

Et ce qui nous convainc que dans ce temps-là il y avoit un Droit commun coûtumier dans le Royaume, qui étoit different du Droit Ecrit, c'est l'article 48. de l'Ordonnance du Roi Philippes le Bel du mois de Juillet 1312. rapportée par Maître Pierre Pithou à la suite de ces Coûtumes de Troyes, page 352. & suivantes, lequel article est conçû en ces termes : *Ordinamus etiam quòd si aliquæ persona Provinciarum, quæ jure communi reguntur, in nostro Parlamento causas habeant, quæ jure scripto debeant terminari, sententia diffinitiva ipsorum secundùm jus scriptum feratur.*

Il y aussi lieu de croire que quand une Province avoit passé dans la puissance de quelque Prince, qui étoit Duc ou Comte de quelque autre Province, & qu'il y établissoit des Juges de la Province, dont il étoit premierement Duc ou Comte, ils y portoient les Usages de leur Province. C'est pourquoy Maître Gabriel du Pineau, dans son Observation unique sur l'article 222. de la Coûtume d'Anjou, observe que le Roy René Duc d'Anjou (dont il a été fait mention ci-dessus) ayant vendu à Jean de Bourbon la Baronnie de Mirebeau dépendante quant au Temporel du Duché d'Anjou, pour le payement & restitution de la dot de Marie de Bourbon sœur de Jean, qui avoit été mariée avec Jean Duc de Calabre fils aîné du Roy René, &

qui étoit decedée sans enfans en l'an 1448. Jean de Bourbon envoya des Officiers à Mirebeau pour y rendre la Justice, & ils l'administrerent conformément à la Coûtume, stile & pratique de Bourbonnois & des autres Païs de Jean de Bourbon; & du Pineau remarque que de là est venuë la Coûtume locale de Mirebalais au Païs d'Anjou, qui est qu'entre les Nobles les successions qui leur aviennent sont partagées également, sauf le préciput appartenant à l'Aîné en chaque Bailliage & Senechaussée Royale: Bien que dans la Coûtume generale d'Anjou outre le préciput qui appartient à l'Aîné Noble aussi en chaque Bailliage & Senechaussée Royale, il soit encore fondé de prendre les deux tiers dans tous les heritages & autres immeubles de la succession, de quelque nature qu'ils soient.

Peut-être même que les Manceaux ne se revolterent tant de fois contre les Rois d'Angleterre & Ducs de Normandie, que parce que ces Princes vouloient établir au Maine les Usages & Coûtumes de Normandie, comme peut-être la Garde Seigneuriale. Il y a même de l'apparence qu'ils l'y établirent, & comme les Seigneurs inferieurs pour se dédommager de la Garde Seigneuriale que les Ducs de Normandie prenoient sur eux pendant leur minorité, se mirent aussi en possession de la Garde Seigneuriale sur leurs Vassaux mineurs: ce droit étant exorbitant & odieux, ils s'en déporterent aprés que l'Anjou & le Maine eurent été reünis à la Courone, & que les Ducs de Normandie n'en furent plus les maîtres, au moyen de ce que leurs Vassaux obligerent leurs Successeurs mineurs, qui n'auroient point de Gardiens, soit en directe soit en collaterale, de payer aux Seigneurs dont leurs Fiefs relevoient le revenu d'un an de leurs Fiefs, qui fut appellé déport, parce que les Seigneurs s'étoient déportés du droit de Garde, à la charge neanmoins de donner provision au Mineur pour sa nourriture & subsistance, de même que le gardien y auroit été tenu si la garde avoit été acceptée: de sorte que je suis persuadé que c'est de là que vient l'origine du déport de minorité dans les Coûtumes du Maine & d'Anjou, dont l'origine a été ignorée par tous les Commentateurs de ces deux Coûtumes, & par Chopin même, bien que tres-savant dans l'Histore.

Ce qui m'a donné cette ouverture, c'est que les Ducs de Bretagne étans aussi en possession de la Garde Seigneuriale, le Duc Pierre de Dreux l'exigeoit avec beaucoup de rigueur, ce qui mécontenta ses Barons, de sorte qu'il s'en fallut peu qu'ils ne se revoltassent contre lui : C'est pourquoy le Duc Jean premier son fils, pour les appaiser, leur remit la Garde Seigneuriale, à la charge que leurs Successeurs lui payeroient un rachat à toutes mutations, comme il a été observé ci-dessus, ce qui est encore en usage dans la Coûtume de Bretagne.

Ce qui me fait pareillement conjecturer que le Relief à toutes mutations dans la Coûtume locale du Vexin le François vient d'une semblable origine : parce que le Vexin le François ayant été tantôt sous la domination de nos Rois, & tantôt sous la domination des Ducs de Normandie, suivant les differens Traitez faits entre ces Princes, les Ducs de Normandie, dans le temps qu'ils étoient Seigneurs du Vexin le François, y établirent la Garde Seigneuriale, à l'exemple de ce qui se pratiquoit dans le Vexin le Normand & dans le reste de la Normandie, & qu'enfin le Vexin le François ayant été reüni à la Couronne, les Seigneurs des Fiefs du Vexin le François, qui s'étoient mis en possession de la Garde Seigneuriale à l'égard de leurs Vassaux mineurs, renoncerent à ce droit, à la charge du Relief à toutes mutations. Les Fiefs des Châtellenies de Pontoise, de Chaumont, de Mello & de Moncy-le-Châtel, qui se gouvernent par la Coûtume de Senlis, & qui étoient des dépendances du Vexin le François, sont aussi sujets au Relief à toutes mains. Il avoit aussi lieu dans l'ancienne Coûtume de Mante, dont la Ville est la capitale du Vexin le François. Mais les Reformateurs de la Coûtume eurent la fermeté de l'abroger par la nouvelle Coûtume à l'égard de la ligne directe. Et neanmoins non seulement les Reformateurs de la Coûtume de Senlis, mais même ceux de la Coûtume de Paris n'y toucherent point : bien que dans la verité comme la Garde Seigneuriale étoit une usurpation, le Relief à toutes mains en soit la suite. Cette observation est nouvelle, & elle n'est point encore venuë dans la pensée d'aucun des Commentateurs de la Coûtume de Paris. Maître Charles du Molin dit seulement que le Relief à toutes mutations dans la Coûtume locale du Vexin le François a été inventé par un Seigneur avare & sordide, & les autres Commentateurs n'en apportent point d'autre raison. Toutefois Brodeau en apporte d'autres, mais à mon sens il n'a pas atteint à l'origine de ce Relief à toutes mains.

Mais nonobstant que les Ducs & Comtes eussent fait quelques Coûtumes dans les Provinces, qui étoient sous leur domination, comme elles ne pouvoient pas être en grand nombre, ainsi qu'il vient d'être touché, & que le surplus ne s'étoit établi que sur des Jugemens, & sur des Enquêtes, le Droit Coûtumier a été fort incertain pendant un long temps. Ce n'est pas que je ne me persuade qu'avant que nos Coûoumes ayent été redigées par écrit en consequence des Ordonnances de nos Rois, les plus exacts Jurisconsultes des Provinces ne fissent des memoires de tout ce qui se jugeoit (dont je rapporteray ci-aprés des preuves à l'égard des Provinces d'Anjou & du Maine.) Mais comme apparemment ces memoires étoient confus & sans ordre, ils n'étoient pas mis en lumiere, pour devenir publics, & ils ne passoient point hors des Provinces, où ils avoient été faits. Et il falloit bien qu'il y eût de ces memoires dans les Provinces : puisque Messire Jean d'Ibelin dans le troisiéme chapitre des Assises de Jerusalem témoigne que quelques Rois de Jerusalem envoyerent plusieurs fois en diverses parties du Monde, pour s'enquerir & sçavoir les Usages des lieux, afin de reformer les Assises de Jerusalem. Et l'on ne peut pas douter que ce fût particulierement en France que ces Rois envoyerent, comme il a été ci-dessus observé, & que ceux qu'ils députerent à cet effet, n'auroient pû s'acquitter de leur commission, si les plus exacts Jurisconsultes & Praticiens de chaque Province n'avoient eu des memoires de ce qui s'y jugeoit & pratiquoit.

Et bien que les Memoires des premiers temps ne soient pas venus jusques à nous, il nous en est toutefois venu des temps posterieurs, qui prouvent assez qu'il s'en faisoit même dans les premiers temps. Messire Pierre des Fontaines qui étoit Maître des Requestes de Saint Loüis, dans la Preface du Livre premier de la Reine Blanche, se vante qu'il a été le premier, qui a redigé par ordre & par écrit les Usages & Coûtumes de France, & particulierement celles de Vermandois, dont il étoit originaire, Ce Livre, qui est un Manuscrit que j'ay vû dans la Bibliotheque Royale, porte pour titre : *Ci commence le Livre de Usages & des Coûtumes de France & de Vermandois selonc Court Laye, & fut fez pour une Roine de France très gentil & tres noble, & le fist à la requeste li plus sages bons, qui a son tans vesquist selonc les lois, & pour ce est-il apellez le Livre la Roine.*

Celui qui le suit fut Messire Philippes de Beaumanoir Bailly du Comté de Clermont, sous Robert Comte de Clermont fils de Saint Loüis, qui redigea les Coûtumes de Beauvoisis, il en a eté fait mention ci-dessus. Ce Manuscrit que M. de la Thaumassiere a donné au Public n'étoit aussi que des Memoires, mais mis dans un plus bel ordre que ceux qui avoient été faits auparavant.

L'on peut compter entre ces Memoires *les Coûtumes tenuës toutes notoires & jugées au Châtelet de Paris, dont il a été pareillement ci-dessus fait mention.*

Et les Decisions de Messire Jean des Mares Conseiller & Avocat du Roy au Parlement sous les Rois Charles V. & Charles VI. dans lesquelles sont transcrits les Usages & Coûtumes gardées en la Cour du Châtelet, & certaines Sentences données en plusieurs cas notables, qui sont aussi à la fin du Commentaire de Maître Julien Brodeau sur la Coûtume de Paris.

Maître René Chopin fait mention dans ses Commentaires tant sur la Coûtume d'Anjou que sur celle de Paris en plusieurs endroits de quatre Manuscrits, dont le premier porte pour titre : *Le grand Coustumier de France, & Instruction de pratique, & maniere de proceder & pratiquer ès Cours de Parlement, Prevôté & Vicomté de Paris.*

Le second porte pour titre : *Cy commence le grand Coustumier de France, & Instruction de pratique.*

Le troisiéme porte pour titre : *Pour monstrer & enseigner à ung chascun, quel ordre de proceder est en Cour Laye, par la Coustume gardée au Chastelet de Paris.*

Le quatriéme porte pour titre : *Ci commencent li e statu du Royaume de France.* Je ne say quelle époque on doit donner à ces Manuscrits, parce qu'ils ne sont pas parvenus jusques à moy. Toutefois tous les Auteurs conviennent que l'Auteur du grand Coûtumier vivoit du temps du Roy Charles VI. Mais aprés tout l'on voit assez que ces Coûtumiers n'ont été que des Memoires faits par des hommes privez : & selon toutes les apparences, ces quatre Manuscrits n'ont été qu'un même Coûtumier, auquel on a donné differens titres.

J'ay pareillement vû en la Bibliotheque Royale un Manuscrit qui porte pour titre : *C'est le Coustumier de France, auquel est traité de plusieurs Coustumes, Usaiges, Stilles estans en Pays de France, & de plusieurs autres droits & Loys, & premierement qu'est Justice en la maniere qui s'ensuit.* Peut-être aussi que ce Coûtumier ne differe des autres que par le titre.

Les Provinces d'Anjou & du Maine n'ont pas aussi manqué de Jurisconsultes, qui ont fait des Memoires des Coûtumes & Usages de ces deux Provinces, & de ce qui s'y jugeoit & pratiquoit. Ces Provinces qui ont été long-temps sous la domination d'un seul & même Prince, n'avoient autrefois qu'une Coûtume, à la reserve de quelques Usages differens, qui étoient marquez dans le Coûtumier, ainsi que nous voyons que les Usages locaux sont marquez dans les Coûtumiers generaux de chaque Province. Elles n'avoient même qu'un stil & pratique pour la procedure, comme je l'observeray ci-aprés.

Mais ces Provinces ayant été reünies à la Couronne sous le Regne de Loüis XI. elles revinrent au même état, auquel elles étoient, avant qu'elles eussent été données en appanage par le Roy Jean à Loüis son second fils : de sorte qu'elles demeurerent separées l'une de l'autre. C'est pourquoy il fut procedé separément à la reformation des Coûtumes des deux Provinces, & d'une Coûtume il en fut fait deux.

Bien que nous n'ayons point de plus anciennes Ordonnances, que celles de Charles VII. en 1553. qui ayent ordonné la redaction des Coûtumes du Royaume, lesquelles Ordonnances ont été renouvellées par les Rois Loüis XI. Charles VIII. & Loüis XII. Toutefois quelques Historiens ont écrit que le Roy Dagobert avoit fait corriger les Coûtumes, dont la redaction avoit été commencée par Thierry Roy de Mets ou d'Austrasie, & continuée par Childebert & par Clotaire, comme dit du Tillet dans son Recüeil des Rois de France : & M. Ricard sur la Rubrique du titre premier de la Coûtume de Senlis donne dans ce sentiment. Mais ces Coûtumes n'étoient autres que les Loix differentes que le Roy Dagobert donna aux Peuples Ripuaires ou François, aux Peuples d'Allemagne & aux Peuples de Baviere, qui sont entre les Capitulaires de nos Rois, comme le démontre la petite Préface qui est au commencement de ces trois Capitulaires, que je rapporteray en son entier, afin qu'on ne se figure pas que je critique sans raison & pour me faire valoir un de nos plus habiles Jurisconsultes. *Theodoricus Rex Francorum, cùm esset Catalaunis, elegit viros sapientes, qui in Regno suo Legibus antiquis eruditi erant. Ipso autem dictante jussit conscribere Legem Francorum & Alamannorum, & Bajuvariorum, unicuique genti quæ in ejus potestate erat secundùm consuetudinem suam.*

Addidit

Addidit quæ addenda erant, & improvisa & incomposita resecavit: & quæ erant secundùm consuetudinem Paganorum, mutavit secundùm Legem Christianorum. Et quicquid Theodoricus Rex propter vetustissimam Paganorum consuetudinem emendare non potuit, post hæc Childebertus Rex inchoavit, sed Chlotarius Rex perfecit. Hæc omnia Dagobertus Rex gloriosissimus per Viros inlustres Claudium, Chaudum, Indomagnum & Agilulfum renovavit, & omnia vetera Legum in melius transtulit, & unicuique genti scripta tradidit, quæ usque hodie perseverant.

Pour revenir à ce qui regarde les Provinces d'Anjou & du Maine, Maistre Julien Brodeau sur Monsieur Loüet lettre C. Sommaire 30. se vante pareillement qu'il avoit les plus anciennes Coustumes manuscrites des Provinces d'Anjou & du Maine redigées & publiées dés l'an 1385. c'est-à-dire dans la cinquiéme année du Regne de Charles VI. ~~Mais~~ ce Coûtumier est un Manuscrit qui est presentement en la Bibliotheque Royale, où je l'ay vû, & il n'y paroît point de publication; il y a seulement ces termes au haut de la premiere page, *Anciennes Coustumes d'Anjou & du Maine*, 1385. mais cette datte a été adjoûtée par une autre main que celle dont est l'écriture de ce Coustumier, & est d'une autre plume & d'une ancre differente. A la suite de ce Coustumier sont trois autres Manuscrits. Le premier porte pour titre, *Stilus antiquus supremæ Curiæ Parisiensis.* Le second a pour titre, *Incipit Stilus Inquestarum.* Le troisiéme est les Decisions de Messire Jean des Mares. L'un des Bibliothequaires m'a assûré que ces Manuscrits ont été tirez de la Bibliotheque de Brodeau, & qu'il les a achetez.

Maistre René Chopin dans son Traité *de communib. Gallic. Consuet. præcept. part.* 3. *c.* 1. *n.* 1. fait mention d'un autre Coustumier des deux Provinces de l'année 1411. & il dit qu'il fut redigé au Plessis lez Tours par des Jurisconsultes choisis des deux Provinces. Ce fut sous le Regne du même Charles VI. Mais l'on ne sait point par quel ordre cette redaction fut faite: & neanmoins comme le Plessis lez Tours est une Maison Royale, il y a de l'apparence que ces Jurisconsultes y furent appellez par Sa Majesté, ce qui me fait conjecturer que ce Roy avoit fait quelque Ordonnance pour la redaction des Coustumes.

Cet Auteur fait mention au même endroit d'un autre Coûtumier des deux Provinces, redigé par Claude Liger, Lieutenant du Senechal d'Anjou en 1437. mais il dit qu'il fut *privatim exaratus*, & qu'il lui avoit été prêté par Jean Loüet, de la Bibliotheque de Clement Loüet son pere, aussi Lieutenant du Senechal d'Anjou, qui porte pour titre, *Coustumes d'Anjou & du Maine intitulées suivant les Rubriches du Code.* Monsieur Servin le cite dans son second Plaidoyé. & il adjoûte à ce titre, *dont les aucunes sont concordées du Droit écrit.* J'en ai fait mention cidessus.

Maistre Gabriel du Pineau dans son ouvrage posthume sur la Coustume d'Anjou, faisant l'explication des termes du titre de cette Coustume, fait mention d'un Coustumier des deux Provinces de l'année 1486. Brodeau à l'endroit ci-dessus dit pareillement qu'il l'avoit & qu'il fut imprimé à Paris dans cette année-là. Et neanmoins du Pineau dans son Observation unique sur l'article 328. de la même Coustume d'Anjou dit que ce Coustumier est sans Procés-verbal de Juges, par lequel on puisse apprendre quand ils s'assemblerent, & de l'Ordonnance duquel de nos Rois ils vaquerent à cet ouvrage : parce que bien que Charles VII. eût fait une Ordonnance en l'année 1453. par laquelle il étoit enjoint aux Juges des lieux de rediger par écrit les Coustumes gardées & observées dans les Provinces du Royaume, neanmoins ce dernier Coustumier fut imprimé en 1486. sans Procés-verbal de Juges, & que l'Ordonnance de Charles VII. ne fut point executée dans les Provinces d'Anjou & du Maine du Regne de ce Roy, qui mourut en l'an 1461. ce qu'il prouve par un certain Procés-verbal de Monsieur Ruzé Conseiller au Parlement du 18. Avril 1469. duquel du Pineau infere que la seconde compilation des Coustumes d'Anjou & du Maine fut aprés l'année 1469. sous le Regne de Loüis XI. qui regna jusqu'au 30. Août 1483. ou sous le Regne de Charles VIII. qui regna jusqu'en l'année 1498.

Chopin sur la Coustume d'Anjou liv. 3. chap. 2. nomb. 9. & 10. à la marge, fait encore mention d'un Coustumier des deux Provinces imprimé à Paris en 1498. de la seiziéme part. duquel il rapporte au texte un article par lequel, quand le survivant des conjoints passe à un second mariage, & qu'il mene les enfans de son premier mariage avec lui & leurs biens avec eux, droit & communité est acquis ausdits enfans.

Du Pineau dit aux endroits ci-dessus citez, que les plus curieux de la Province d'Anjou ont un ancien Coustumier des deux Provinces qu'il ne datte point, qui porte pour titre : *Ce sont les Coustumes & Usages des Pays d'Anjou & du Maine en briefve compilation mises & divisées en vingt-quatre parties principales par aucuns des Juges & Conseillers desdits Pays.* Et cet Auteur observe que cette compilation n'a été faite qu'aprés l'an 1360. que le Comté d'Anjou fut érigé en Duché par le Roy Jean en faveur de Loüis son second fils, à cause de ces paroles qui sont au commencement de la premiere partie, *Nous avons le Roy Duc d'Anjou.*

Chopin à l'endroit ci-dessus de son Traité *de communib. Gallic. Consuet. pracept.* fait encore mention d'un autre Coustumier des mêmes Provinces imprimé en 1503. qui porte pour titre, *Coustumes d'Anjou & du Maine*, sans aucune autre difference des parties de l'ouvrage & de ses chapitres. Et il semble que cet Auteur soit d'avis que la redaction de la Coustume d'Anjou & de la Coustume du Maine faite separément en l'an 1508. a été faite sur ce Coustumier à cause de ces paroles des Lettres patentes du Roy Loüis XII. pour la redaction de ces deux Coustumes. *Et soit ainsi que les Coustumes de nos Senechaussées d'Anjou & du Maine ayent été pieça en Assemblée dûë & competente rapportées & écrites, &c.*

MM. Berroyer & de Lauriere dans leur Bibliotheque des Coustumes au chap. *Liste Alphabetique des Textes & des Commentaires des Coustumes*, font mention d'un Texte des Coustumes d'Anjou & du Maine avec *les Stils & Usages de proceder en Cour Laye eZ Pays d'Anjou & du Maine, nouvellement ordonné & commendé estre gardez & observeZ par Messeigneurs de la Justice desdits Pais, autrement nommé le Miroüer des Avocats & Gens de Pratique imprimé en* 1481.

Quelques-uns ont encore un Coustumier de ces deux Provinces imprimé à Paris+ par Pierre le Dru pour Jean Petit Libraire de l'Université de Paris, auquel veritablement les parties sont désignées, mais les articles sont tous d'une suite, sans distinction de nombre. + en 1506.

A la suite de ce Coustumier sont *les Stiles & Plaiges de proceder en Court Laye és Pays d'Anjou & du Maine de nouveau corrigez.*

Item, les Instructions & Ordonnances de Tabellionages & Seaux des Contrats Royaulx d'Angiers, Saumur, Baugé & des Courts sub-

alternes conformées aux autres Ordonnances, lesquelles par déliberation & conclusion des Officiers ordinaires & Gens du Conseil du Roy étans à Angiers furent publiées ez Assises Royaux d'Angiers tenans le 18. jour de Mars l'an 1489. Et fut commandé & enjoint à tous à qu'il appartenoit les garder & faire garder & observer sur les peines dedens contenuës.

Item en ce comprins les Instructions & Ordonnances des Greffes desdits Pays. Ce Livre m'a été autrefois prêté par M. Hoyau Procureur du Roy au Siege de la Prevôté du Mans.

Il est constant que la plus grande partie de ces Coustumiers n'avoient été compilez que par quelques Particuliers sans l'autorité d'aucun de nos Rois, comme du Pineau l'observe à l'égard de celui imprimé en 1486. On peut veritablement conjecturer que le Coustumier de 1411. a été redigé par l'autorité de Charles VI. mais ce n'est qu'une conjecture : Et il semble que tout ce qu'on peut dire de certain est que le seul de ces anciens Coûtumiers qui ait été compilé par l'Ordonnance de nos Rois est celui qui fut redigé en 1498. le Roy Charles VIII. ayant ordonné par ses Ordonnances de 1495. & 1497. que les Coustumes de chaque Province fussent redigées par écrit en une Assemblée des trois Etats par les Baillys & Senechaux. Mais supposé que ce Coustumier ait été redigé en consequence des Ordonnances de Charles VIII. il est certain qu'il ne fut point publié ni registré és Sieges d'Anjou & du Maine, ni porté au Greffe de la Cour : parce que le Roy Loüis XII. par ses Lettres patentes touchant la redaction & reformation des Coustumes du Royaume, disant que lesdites Coustumes ont été arrêtées de l'Ordonnance de Loüis XI. & de Charles VIII. tellement qu'il ne reste plus qu'à les publier, mande à Messieurs les Commissaires nommez par Sa Majesté, qu'elles soient derechef vûës & visitées, & accordées par les trois Etats, & ensuite publiées : & au cas que les trois Etats ou la plus grande partie d'aucuns d'iceux eussent quelque discord ou differend, qui ne se pourroient pour lors terminer, ils soient rapportez pardevers les Gens tenans sa Cour de Parlement, pour par eux, les Commissaires presens & appellez, en ordonner comme de raison. De sorte que jusques à ce temps-là le Droit Coustumier a toûjours été assez incertain : & supposé que le Coustumier imprimé en 1498. ait été redigé de l'Ordonnance de Charles VIII. quelques-uns se donnerent la liberté de faire imprimer d'autres Coûtumiers, esquels ils apportoient quelque changement, comme je l'ay remarqué dans le Coustumier imprimé en 1506.

C'est pourquoy le Roy Loüis XII. ainsi qu'il vient d'être touché, entreprit de faire rediger les Coustumes de la plus grande partie du Royaume en l'Assemblée des trois Etats de chaque Province, ou du moins de faire visiter & reformer celles qui avoient été redigées de l'Ordonnance du Roy Loüis XI. & de celle de Charles VIII. lesquelles seroient publiées & registrées, afin qu'on n'y pût rien changer à l'avenir: En consequence de quoy ce bon Prince donna sa Commission par ses Lettres patentes à Messieurs Thibault Baillet President, & Jean le Lievre Conseiller en sa Cour de Parlement, de se transporter en la Ville d'Angers & en la Ville du Mans, pour vaquer separément à la redaction des deux Coustumes d'Anjou & du Maine, ce qu'ils executerent; ce faisant il fut procedé à la redaction de ces deux Coustumes, sçavoir de celle d'Anjou le 28. Septembre 1508. & de celle du Maine le 9. Octobre ensuivant. Celle d'Anjou fut publiée le 6. Octobre, & celle du Maine le 15. Octobre.

Il ne nous paroît point du temps auquel la Coustume du Maine fut déposée au Greffe de la Cour: mais du Pineau remarquant que celle d'Anjou y fut déposée le 8. Mars 1509. suivant toutes les apparences celle du Maine y fut deposée le même jour.

C'est par ce moyen que le Droit Coustumier de la Province du Maine est devenu stable & certain: mais comme il a été redigé fort confusément, il est sujet à beaucoup d'explications.

Il est question de savoir sur lequel des Coustumiers dont j'ay ci-dessus fait mention, il fut procedé aux redactions & reformations de ces deux Coustumes. Il a été observé qu'il semble que Chopin est de sentiment, que ç'a été sur le Coûtumier imprimé en 1503. Mais il n'y a point d'apparence: parce que cet Auteur dit, qu'il fut redigé, *nullo alio partium operis, nec singulorum fermè Legis capitum discrimine*: Et neanmoins la redaction de l'une & de l'autre Coustume fut faite sur un Coustumier qui étoit distingué par parties & par articles.

Il n'y a point aussi d'apparence que cette redaction & reformation ait été faite sur le Coustumier imprimé en 1506. bien qu'il soit divisé en seize parties, comme sont les Coustumes d'Anjou & du Maine, parce que les articles du Coustumier de

1506. ne sont point designez par nombre. Mais bien plus il y a des articles dont il fut fait lecture lors de la derniere redaction & reformation, qui ont été reformez, lesquels ne se trouvent point couchez dans le Coustumier de 1506. Et bien que ce Coustumier contienne des articles en la seiziéme partie, qui ne sont point conformes aux articles contenus en la seiziéme partie des Coustumes d'Anjou & du Maine redigées en 1508. toutefois il ne paroît point par le Procés-verbal que les articles du Coustumier de 1506. ayent été reformez, & il n'est pas même parlé de ces articles.

Il n'est pas à croire pareillement que les deux Coustumes ayent été redigées & reformées sur le Coustumier de 1385. que Brodeau disoit avoir, ni sur le Coustumier de 1411. parce que les articles du Coustumier dont on fit lecture lors de la derniere redaction & reformation, ne sont point du stile de ce temps-là, & parce que ces Coustumiers ont été compilez avant qu'il eût été rendu aucune Ordonnance pour la redaction du Coustumier, du moins il n'en paroît aucune.

Il en est de même du Coustumier de 1437. lequel, bien qu'il ait été redigé par Claude Liger Lieutenant du Senechal d'Anjou, toutefois Chopin dit qu'il fut *privatim exaratus*.

Je ne voy pas aussi que la redaction & reformation faite en 1508. ait pû se faire sur le Coustumier de 1486. puisque du Pineau remarque qu'il fut imprimé sans Procés-verbal de Juges, par lequel on puisse apprendre quand ils s'assemblerent, & de l'Ordonnance duquel de nos Rois ils vaquerent à cet ouvrage.

Il y a encore moins d'apparence que la derniere redaction & reformation ait été faite sur le Coustumier divisé en vingt-quatre parties principales : parce que le Coustumier sur lequel elle fut faite ne contenoit que seize parties.

Il semble qu'on doit inferer de tout ce que dessus, que la derniere redaction & reformation des Coustumes d'Anjou & du Maine n'a pû être faite que sur le Coustumier imprimé à Paris en 1598. qui contenoit seize parties, & lequel est cité par Chopin à l'endroit ci-dessus marqué, & qui fut vraisemblablement redigé en consequence des Ordonnances de Charles VIII. és années 1495. & 1498.

Toutefois je ne peux encore me persuader que les dernieres redactions & reformations des Coustumes d'Anjou & du Maine ayent été faites sur le Coustumier imprimé à Paris en 1498. parce que ce Coustumier contenoit en la seiziéme partie une disposition, de laquelle j'ay fait mention ci-dessus, qui ne fut point reformée par les dernieres redactions & reformations, & dont il ne fut point parlé en aucune maniere.

Et comme la Coustume du Maine admet la continuation de communauté, si le survivant des conjoints qui a des enfans mineurs de son mariage, n'a point fait d'inventaire, les parens prochains appellez, au cas que les mineurs la demandent, & que le Coustumier d'Anjou est dans le silence à cet égard, je me persuade qu'en consequence des Ordonnances de Charles VIII. des années 1495. & 1497. il fut procedé separément à la redaction des Coustumes d'Anjou & du Maine, qui ne furent point publiées, mais dont les cahiers furent conservez, & ne furent point envoyez à Paris pour les faire imprimer ; mais que ce qui fut envoié à Paris ne fut qu'un assemblage que quelqu'un fit des deux Coustumes, parce qu'avant ce temps-là elles avoient toûjours été redigées en même cahier. Les Lettres patentes du Roy Loüis XII. me fournissent une preuve de ce que j'avance, parce qu'elles donnent commission à Messieurs Baillet & le Lievre, de se transporter en la Ville d'Angers, pour faire publier les Coustumes de la Senechaussée d'Anjou, & en la Ville du Mans pour faire publier les Coustumes de la Senechaussée du Maine ; & le Procés-verbal de la redaction de la Coustume d'Anjou porte pareillement que Messieurs les Commissaires se transporterent en la Ville d'Angers pour faire publier les Coustumes de la Senechaussée d'Anjou, & le Procés-verbal de redaction des Coustumes du Maine porte pareillement que Messieurs les Commissaires partirent de la Ville d'Angers pour aller en la Ville du Mans faire publier les Coûtumes du Maine. Et quand on vint à la redaction & reformation des articles de la Coustume d'Anjou, le Procés-verbal porte, *Et aprés fîmes lire le cayer auquel lesdites Coustumes sont écrites*, c'est à dire les Coustumes de la Senechaussée d'Anjou : & les mêmes termes se lisent au Procés-verbal de la Coustume du Maine.

En un mot, l'ordre des articles de la Coustume d'Anjou & de la Coustume du Maine étans different, il faut necessairement qu'elles ayent été redigées sur des differens cahiers.

Il y a plusieurs articles dans les Coustumes d'Anjou & du Maine qui sont conformes à quelques chapitres des Etablissemens du Roy saint Loüis, ce que je remarqueray sur ces articles. C'est pourquoy, bien qu'aprés le chapitre 166. du Livre premier de ces Etablissemens, on lise ces mots, *Cy finit le premier livre des Etablissemens, le Roy de France, selon l'usage de Paris, & de Cort des Baronnie :* & qu'aprés le chapitre 42. & dernier du Livre 2. on lise pareillement ces mots, *Cy finissent les Etablissemens, le Roy de France, selon l'usage de Paris, & de Cort de Baronnie, si a deux cent & treize chapitres;* toutefois Monsieur du Cange qui a donné au Public l'impression de ces établissemens, a écrit en marge L. M. S. de M. Nublé porte ces mots, *Cy finissent les Establissemens, le Roy de France, à l'usage d'Anjou & d'Ollenois, & de toute terre, le Roy de France en Court de Baronnie.* Et le même Monsieur du Cange observe que ces Etablissemens se trouvent en divers Manuscrits sous le titre d'Usages de Touraine & d'Anjou, avec presque les mêmes chapitres, & les mêmes termes: en sorte qu'il n'y a rien qui ne se trouve dans les Etablissemens de Saint Loüis.

En un mot, le Prologue de ces Etablissemens porte dans le commencement, *Li bon Rois Loeys fit ordonner ces Etablissemens, avant ce qu'il allast en Tunes en toutes les Courts Layes du Royaume & de la Prevosté de France, & enseignent ces Establissemens, comment tous Juges de Court Laye doivent oir & jugier & terminer toutes les querelles, qui sont tretiées pardevant eux, & des Usages de tout le Royaume & d'Anjou & Court de Baronnie, &c.*

Et comme cet Auteur dit que ces Etablissemens se trouvent inserez dans un Registre de l'Hôtel public de la Ville d'Amiens, intitulé, *Suite des Loix* avec ce titre, *Les Etablissemens de France ordonnez & confirmez en plein Parlement par les Barons du Royaume, les Docteurs en Loix :* Et qu'il a été observé ci-dessus, que le Sire de Joinville remarque dans la vie de saint Loüis, qu'il tint Parlement & Etats pour faire ces nouveaux Etablissemens, & qu'il faisoit servir à sa Court les Seigneurs, Chevaliers & autres en plus grande abondance & plus hautement, que n'avoient fait ses Predecesseurs. Il est probable que Charles Comte d'Anjou & du Maine, frere du Roy, y fit venir quelques Jurisconsultes Angevins & Manceaux, qui proposerent plusieurs chapitres conformes aux usages qui se pratiquoient és Provinces d'Anjou & du Maine; c'est la pensée de de M. du Cange. Ou du moins on peut dire qu'aprés que ces Etablissemens eurent été faits, les Jurisconsultes Angevins & Manceaux les porterent en ces deux Provinces, & que plusieurs chapitres de ces Etablissemens y furent reçûs comme des Loix.

Mais ce qui peut faire douter de la verité de ces Etablissemens, c'est, comme il a été observé ci-dessus, que le Prologue porte qu'ils ont été faits & ordonnez l'an de grace 1270. avant que le Roy S. Loüis allât en Tunes. Et neanmoins le Sire de Joinville dit que ce Roy partit d'Aiguesmortes pour ce voyage le Mardy d'aprés la feste de saint Pierre de l'an 1269. M. du Cange propose cette difficulté, & il dit pour la resoudre, que la publication de ces Etablissemens a pû être faite en l'absence de ce saint Roy : mais le Prologue ne parle point de publication, & il parle seulement que l'an de grace 1270. Li bons Rois Loeis fit & ordonna ces Etablissemens avant ce qu'il allast en Tunes. C'est pourquoy il me semble plus vraisemblable, qu'il y a erreur dans la datte, & qu'au lieu de 1270. il faut leur donner une datte de quelque année precedente.

Le bon Roy saint Loüis n'eut pas seulement le soin de pourvoir de Loix les Angevins & les Manceaux par ces Etablissemens, il avoit eu auparavant celui de faire assembler en la Ville d'Orleans au mois de May 1246. plusieurs Seigneurs des deux Provinces d'Anjou & du Maine, pour recueillir leur declaration sur l'usage des Bails des Mineurs, & du rachat qui étoit dû par ceux qui venoient au Bail par moyen, ou par la femme mariée Baillistre, ce qui fut confirmé & passé en forme d'Ordonnance & de Loy par la Charte de ce bon Roy, laquelle est intitulée, *Declaratio super Consuetudinibus Ballorum & Rachatuum Andegaviæ & Cenomaniæ*, laquelle m'a été ci-devant communiquée par feu M. de Renusson, auquel M. Favier l'aîné, ci-devant Bâtonnier des Avocats de la Cour l'avoit prêtée. J'en feray une plus ample mention sur les articles 41. & 42. de la Coustume de Paris.

Quant au genie des Manceaux, leurs mœurs & leurs inclinations, l'on en peut juger par ce trait d'histoire, qu'ils ont reçû la Foy Chrétienne avec soûmission & docilité, ayant eu cet avantage que l'Eglise du Mans n'a point été teinte du sang de son premier Evêque, comme les autres Eglises de France. Il ont toûjours été fort affectionnez à la Monarchie Françoise, & on les a vû souvent secoüer le joug des Anglois

& des Normans en faveur des Rois de France, bien que le Maine appartînt aux Rois d'Angleterre à titre hereditaire. Le Maréchal de Loheac, qui étoit de la Maison de Laval, & Ambroise de Loré grands & fameux Capitaines, & qui rendirent des services signalez au Roy Charles VII. en sont d'illustres témoins. De là est venuë cette haine irreconciliable que les Manceaux ont contre les Anglois, qui ont fait beaucoup de ravages dans la Province du Maine, & mis souvent la Ville du Mans au pillage, d'où vient cette expression dans la bouche de la menuë populace, *Il est méchant comme un Anglois.* C'est pourquoy le Roy Loüis XI. se ressouvenant de la fidelité des Manceaux, & des services qu'ils lui avoient rendus au siege d'Alençon, dans le temps de la guerre du bien public, accorda à la Ville du Mans plusieurs Privileges en l'année 1482.

Les Manceaux sont naturellement spirituels, & ils ont le malheur de passer pour fins & rusez; & neanmoins on peut dire avec verité que leur plus grande finesse est d'être un peu défians & de ne se laisser pas tromper aisément, étant constant qu'il s'y rencontre de fort honnêtes gens; & même il s'y en est trouvé de temps en temps d'une fort sainte vie: de sorte qu'il n'y a point d'Eglise en France, qui puisse compter autant de Saints entre ses Evêques, comme l'Eglise du Mans: & c'est sans doute pour cette raison que nos Rois se font un honneur d'être les premiers Chanoines prebendez de l'Eglise du Mans. Le Roy Loüis XI. dans le temps de la guerre du bien public s'étant rendu au Mans pour aller de là au siege d'Alençon, tout le Clergé fut audevant de Sa Majesté jusques à la vieille porte, d'où Sa Majesté ayant monté jusques à l'Eglise Cathedrale, on lui presenta à la principale porte un surplis, une chape & une aumusse, dont s'étant fait revêtir, elle monta jusques à la place la plus éminente du Chœur, & y entendit chanter le *Te Deum* avec ces habits.

Les Manceaux ont été autrefois fort belliqueux, les Colonies qu'ils ont plantées dans l'Italie en sont d'illustres témoignages: & leur posterité n'a pas degeneré de cette ancienne bravoure, dans le temps que les Comtes du Maine & même nos Rois ont eu tant de guerres contre les Anglois & les Normans. Et depuis il s'en est encore trouvé, & il s'en trouve encore qui par leur valeur & leurs grands exploits de guerre se sont élevez au premier degré d'honneur de l'épée.

Il y a eu des Manceaux dans les siecles passez qui par l'étude du Droit & de la Theologie se sont élevez aux premieres Dignitez de la Magistrature & de l'Eglise, mais ils n'ont point laissé d'Ecrits, bien qu'à l'égard des choses curieuses, comme la Physique, les Mathematiques & la Medecine, il s'en soit trouvé plusieurs qui ont non seulement excellé dans ces sciences, mais qui ont encore laissé de tres-beaux Ecrits, & même de la Chirurgie. Le Maine a aussi produit des Poëtes celebres qui ont laissé des ouvrages, qui ont été dans leurs temps fort estimez. Et enfin le Maine a donné la naissance à d'excellens Sculpteurs, dont les rares ouvrages, que nous voyons encore dans cette Ville de Paris, ne parlent pas moins que les Ecrits de ceux qui ont excellé dans les sciences curieuses, & dans les arts liberaux.

Pour ce qui regarde la Jurisprudence, nous n'avons que quatre Auteurs Manceaux qui nous ayent laissé des Ecrits: Je mets au premier rang M. de Renusson, bien qu'un des derniers dans l'ordre des temps, ses ouvrages sont fort estimez, le premier est le Traité des Propres; le second est le Traité de la Subrogation; le troisiéme est le Traité de la Communauté; le quatriéme est le Traité du Doüaire; & le cinquiéme qui est dans le même volume, est le Traité de la Garde-noble & de la Garde-bourgeoise.

Je mets au second rang M. du Perray qui a donné quelques Traitez au Public, qui concernent les matieres Beneficiales, qui ont aussi de l'approbation.

Les deux autres Auteurs sont Loüis Sieur des Malicottes, & Bodreau, qui étoient contemporains: ils ont donné au Public des Notes sur la Coustume du Maine; & bien qu'elles ne soient pas au goût de tout le monde, nous ne laissons de leur être obligez d'avoir bien voulu nous aider de leurs Observations & des Arrests qu'ils ont eu le soin de recüeillir.

Quant à Roüillé ancien Auteur, qui a pareillement fait des Notes sur la Coustume du Maine, il n'étoit pas Manceau, mais Normand, & l'on peut dire que ses Notes ne sont pas d'une grande utilité. Et même il a fait tomber Loüis & Bodreau dans une bevûë.

L'article 40. de la Coustume du Maine dispose que celui qui n'a forest ou brüeil de forest, qui est à entendre buisson, tel que convenablement les grosses bestes s'y puissent retirer, titre ou longue possession, n'est fondé d'avoir chasse à grosses bestes, s'il n'est Chastelain pour le moins. Roüillé a pretendu corriger cet article, & il a écrit *brail*, au lieu de *breüil*, & il derive ce terme *brail*, *à clamore sive mugitu ferarum qui dicitur vulgariter*, *braire*. Et bien que l'on lise *brüeil* dans tous les anciens Exemplaires de la Coustume du Maine, & même dans tous ceux de la Coustume d'Anjou, toutefois Loüis & Bodreau ont écrit *Brail* dans leurs Coustumes, ce qui est une erreur : il faut rétablir *brüeil*, qui vient du verbe Grec βρύειν, qui signifie pulluler, pousser du bois : de sorte que *brüeil de forest* signifie le rejet d'une forest qui a été coupée & dont l'on a fait des bois taillis.

A l'égard d'un Commentaire, il ne s'est encore trouvé personne, qui ait entrepris d'en donner un au Public, bien que le Bareau du Mans n'ait pas manqué dans tous les temps d'Avocats tres-habiles, qui eussent été capables d'entreprendre cet ouvrage. Mais comme un Commentaire est d'une longue haleine, ils ont été détournez de faire cette entreprise, parce qu'exerçans non seulement la profession d'Avocat, mais encore celle de Procureur, les plus habiles sont trop occupez. Et je ne peux pas me défendre de dire à ce propos, qu'ils exercent l'une & l'autre profession avec beaucoup d'honneur, étant inoüi qu'un Avocat du Mans ait fait assigner ses Parties, pour être condamnées de lui payer ni honoraires ni salaires, bien qu'il semble qu'étans Procureurs, ils pourroient le faire sans scrupule.

Les Medecins y font aussi leur profession avec un grand desinteressement, ne prenans point d'argent de leurs Malades quand ce sont des personnes un peu considerables, ou quand ils sont pauvres.

Les Ecclesiastiques y vivent fort regulierement, & il en est mort depuis peu quelques-uns, qui par leur pieté, leur austerité, ne vivans que de pain & d'eau, leur zele, leur charité & leur doctrine ont rendu pour toûjours leur memoire recommandable à la posterité : Et il s'en trouve encore à present du même caractere.

Enfin, pour donner à ce portrait le dernier trait de pinceau, M. les Juges du Mans rendent la Justice avec une grande integrité : de sorte que la brigue, la passion, ni l'interest n'ont point de part dans leurs Jugemens, tout y est pezé au poids du Sanctuaire.

Personne n'ayant donc jusqu'ici donné au Public un Commentaire de la Coustume du Maine, j'avois entrepris autrefois étant encore établi au Mans d'en composer un: mais ayant été contraint par la necessité de mes affaires de quitter ma patrie & de renoncer à mon établissement pour m'établir à Paris, j'ay abandonné ce dessein : parce que j'ay crû que m'établissant à Paris, il ne falloit pas seulement que je me perfectionnasse dans la connoissance de la Coustume du Maine, mais encore dans la connoissance de la Coustume de Paris: & j'ay pensé que je ne pouvois mieux faire pour y parvenir, qu'en conferant la Coûtume du Maine avec la Coustume de Paris : de sorte qu'on peut dire qu'au lieu d'un Commentaire j'en ay entrepris deux.

J'ay fait quatre Examens dans cette Conference. Le premier est des dispositions uniformes, ou differentes des deux Coustumes, auquel j'ay joint les dispositions differentes de la Coustume d'Anjou d'avec la Coustume du Maine.

Le second Examen est des questions communes à l'une & l'autre Coustume suivant leurs dispositions uniformes & differentes.

Le troisiéme Examen est des questions particulieres à chaque Coustume, auquel j'ay joint celles qui sont aussi particulieres à la Coustume d'Anjou.

Le quatriéme Examen est, si des dispositions qui sont dans une Coustume à l'égard desquelles les autres sont dans le silence, y doivent être observées.

Et comme la Coustume de Paris a été redigée & reformée dans un plus bel ordre que la Coustume du Maine, j'ay suivi l'ordre des titres & des articles de la Coustume de Paris, avec lesquels j'ay conferé les articles de la Coustume du Maine, lesquels y ont quelque rapport, ou qui ont des dispositions contraires. Et j'ay marqué à la marge les matieres qui regardent en particulier les Coustumes du Maine & d'Anjou par les lettres M. & A.

Et parce qu'il y a quelques articles dans la Coustume du Maine, qui n'ont aucun rapport ni contrarieté avec la Coustume de Paris, j'ay fait des notes separées sur ces articles, qui sont à la fin de cette Conference.

Cette entreprise est grande & des plus difficiles. Si ce n'étoit qu'une simple Conference, sans examiner aucunes questions, on pourroit dire veritablement, que ce seroit un travail, mais qu'il ne seroit pas d'un grand prix, comme dit M. Pierre Pithou de la Conference de quelques parties du Droit Mosaïque avec quelques parties du Droit Romain, qui a été faite par un Auteur inconnu, & que *Joannes Tilius* attribuë neanmoins à *Licinius Rufinus* Jurisconsulte contemporain du Jurisconsulte *Paulus*; mais, comme dit Pithou, *non fuit tanti hæc collectio, quæ aut Licinii, aut Jurisconsulti alicujus paulò clarioris ingenium & acumen desideraret. Tota illa operæ fuit, sed ejus operæ, cujus pretium injuria temporis sic incendit, ut jam nihil fortasse hoc genere tanti videatur.*

La Conference que *Photius* Patriarche d'Antioche & ensuite de Constantinople, fit des Canons avec les Constitutions des Empereurs Romains, a eu un sort plus heureux, & a merité l'éloge de tous les Ecrivains Ecclesiastiques, qui ont écrit depuis lui: parce qu'il étoit à propos de confirmer l'autorité des Canons par celle des Loix, pour en faire voir la force, & que tous les Sujets de l'Empire Romain devoient s'y assujettir.

La Conference des Ordonnances & la Conference des Coûtumes, bien qu'elles ne soient pas accompagnées de questions, sont encore d'une grande utilité: c'est pourquoy elles ont merité l'estime de tous les Jurisconsultes François.

Je ne me flate pas que la Conference que j'ay entreprise ait un sort aussi heureux? il me suffira, si elle peut être de quelque utilité, du moins pour mes Compatriotes, qui trouveront plusieurs questions dans ce Traité, qu'ils seroient obligez de chercher en d'autres Auteurs, que la plus grande partie des Officiers & des Avocats du Maine n'ont pas, & ils en trouveront même de nouvelles, non seulement de Droit Coustumier mais encore de Droit Civil (que j'ay traitées lorsque l'occasion s'en est presentée) qu'ils ne trouveroient point ailleurs, & qui peuvent toutefois se presenter.

Et bien que M. les Angevins ayent de tres-habiles Commentateurs, toutefois cet Ouvrage pourra leur être de quelque utilité, parce qu'ils y trouveront plusieurs questions nouvelles, que leurs Commentateurs n'ont point traitées. Et si je n'ay pas toûjours suivi leurs sentimens dans les questions anciennes, ces Messieurs jugeront peut-être que j'ay mieux rencontré que leurs Commentateurs, soit parce que la Jurisprudence a changé, soit parce que, comme dit le Satyrique, *Nemo nostrûm non peccat, homines sumus non Dii.* Quant aux erreurs,

Petron. Arbit.

dans lesquelles je peux être tombé, on m'obligera de me les indiquer, & l'amour que j'ay pour la verité & pour la justice, me fera retracter avec plaisir.

A l'égard de Messieurs les Parisiens, j'espere que ce Traité ne leur sera pas entierement inutile pour les questions qui regardent la Coustume du Maine, lesquelles se presentent tous les jours en la Cour. Mais à l'égard de celles qui regardent la Coustume de Paris, peut-être qu'ils en feront peu d'état ; & qu'ayans plusieurs tres-habiles Commentateurs de cette Coûtume, ils penseront que je me suis donné un peine inutile, & même que j'ay mis la faucille dans la moisson d'autrui. Ils diront, De quoy s'est mêlé ce nouvel *Arpinas*, qui a passé la plus grande partie de sa vie dans la Province, & a exercé la profession d'Avocat au Presidial du Mans, de vouloir nous donner des avis : d'autant plus que la plus grande partie des Avocats de la Cour sont persuadez, qu'il ne peut rien venir de bon des Provinces. Peut-il venir quelque chose de bon de Nazareth ? Ils sont dans la pensée que les Avocats de Provinces sont peu initiez dans la Jurisprudence, & que si on les met hors de leurs Coustumes, ils sont comme des gens errans & vagabonds dans un Païs étranger, dont ils ne connoissent ni les chemins ni les avenuës. De sorte même que m'étant vanté à l'un des Anciens, que j'avois entrepris cet ouvrage, il me répondit avec un ton fort aigre, que je n'en viendrois pas à bout. Et neanmoins je me flate d'avoir fait quelques nouvelles découvertes sur la Coustume de Paris. Et il me semble que l'origine du Relief à toutes mutations dans la Coustume locale du Vexin le François, dont je viens de dire ma pensée, en est un échantillon. C'est pourquoy je prie ceux qui seront mal prévenus contre cet Ouvrage, qu'ils le lisent avant de le mépriser, pour me servir des termes de saint Jerôme dans son Epître *ad Paulam & Eustochium* sur la Traduction du Prophete Esaie, *Legant priùs, & postea despiciant, ne videantur non ex judicio, sex ex odii præsumptione ignorata damnare.*

Fin de la Preface Historique.

www.ingramcontent.com/pod-product-compliance
Ingram Content Group UK Ltd.
Pitfield, Milton Keynes, MK11 3LW, UK
UKHW021621260726
13965UKWH00007B/1399